NEUROPROPAGANDA de A a Z

O que um publicitário não pode desconhecer

Antonio Lavareda
João Paulo Castro

NEUROPROPAGANDA de A a Z

O que um publicitário não pode desconhecer

1ª edição

EDITORA RECORD
RIO DE JANEIRO • SÃO PAULO

2016

CIP-BRASIL. CATALOGAÇÃO NA PUBLICAÇÃO
SINDICATO NACIONAL DOS EDITORES DE LIVROS, RJ

          Lavareda, Antonio; Castro, João Paulo
L427n   Neuropropaganda de A a Z: o que um publicitário não pode desconhecer / Antonio Lavareda, João Paulo Castro. – 1. ed. – Rio de Janeiro: Record, 2016.
          il.

          Inclui bibliografia
          ISBN 978-85-01-10755-8

          1. Propaganda. 2. Neurociência. 3. Neuropropaganda. I. Castro, João Paulo. II. Lavareda, Antonio. III. Título

16-30001   CDD: 612.82
                                                          CDU: 612.82

Copyright © Antonio Lavareda e João Paulo Castro, 2016

Ilustrações: Rafael Nobre e Paula Cruz | Babilonia Cultura Editorial
Editoração eletrônica: Guilherme Peres

Todos os direitos reservados. Proibida a reprodução, armazenamento ou transmissão de partes deste livro, através de quaisquer meios, sem prévia autorização por escrito.

Texto revisado segundo o novo Acordo Ortográfico da Língua Portuguesa.

Direitos exclusivos desta edição reservados pela
EDITORA RECORD LTDA.
Rua Argentina, 171 - Rio de Janeiro, RJ - 20921-380 - Tel.: (21) 2585-2000.

Impresso no Brasil

ISBN 978-85-01-10755-8

Seja um leitor preferencial Record.
Cadastre-se e receba informações sobre
nossos lançamentos e nossas promoções.

Atendimento e venda direta ao leitor:
mdireto@record.com.br ou (21) 2585-2002.

SUMÁRIO

Apresentação 7

Agradecimentos 17

1. Amígdala: o radar do perigo 19
2. *Branding neurotour*: as estações entre emoção e razão 27
3. Cores: aquarela emocional 35
4. Dopamina: o hormônio vai às compras 47
5. Emoções em primeiro lugar 59
6. Face humana: imbatível campeã de atratividade 75
7. Gênero: cérebro de homens e cérebro de mulheres 83
8. Humor: leve a piada a sério 91
9. Insight: a criatividade exige coragem 97
10. Jogos neurais reforçam vínculos com a marca 107
11. Lealdade e o divórcio do cérebro 115
12. Memória é para esquecer 123
13. Neurônios-espelho: faça que eu te imito 139
14. Olfato: o agente avançado das emoções 149
15. Preço: vale tanto quanto o cérebro quer 155
16. Qualidade como *driver*: real ou imaginada 163
17. Redes sociais: o contágio emocional digital 169
18. Sinapses: os caminhos do cérebro plástico 179

19	Testando sua campanha: adicione neurotestes	*187*
20	Ubiquidade: a marca ocupando todo o cérebro	*205*
21	Visual e auditivo: melhor em dupla do que separados	*213*
22	X da questão: neuropropaganda não é neurobobagem	*221*
23	*Zapping* permanente: em milésimos de segundo o cérebro deleta você	*241*

APRESENTAÇÃO

Ao assistir a sua série predileta em um tablet conectado à internet você está tecnicamente vendo televisão, mas não a mesma TV do passado, assim como ao ler em um smartphone as notícias do seu jornal predileto via Facebook você está tecnicamente lendo jornal, mas não o mesmo jornal de antes. A revolução do conhecimento obrigou o diálogo entre plataformas, e, em meio a tudo isso e muito mais, a publicidade se reinventa. Cumpre-se mais uma vez a máxima nietzschiana segundo a qual "o que não mata, fortalece". E nesse caso, o fortalecimento se dá através das duas principais respostas aos desafios desse tempo tão efêmero.

A primeira delas, mais visível, é a concepção de novas estratégias de distribuição de mensagens. Uma reação ao processo de mudança tecnológica que dramatizou a complexidade e a hierarquia dos canais de comunicação. De forma resumida, isso faz com que hoje o equivalente à busca do nirvana pelas campanhas seja alcançar o uso convergente das plataformas, como comprova a pesquisa da Advertising Research Foundation (ARF) "How Advertising Works Today", publicada em março de 2016.

A segunda resposta, menos perceptível para quem não é do ramo, vem do final do século XX, quando os publicitários, confrontados com o avanço da neurociência, não hesitaram em aposentar o paradigma dominante de compreensão do comportamento dos consumidores. O antigo modelo explicativo que salientava o papel dos argumentos na persuasão deu lugar a um novo, que trouxe as emoções e o processamento inconsciente da comunicação para o centro do palco. É dos pilares desta reação, um processo que ainda não se completou, que trataremos neste livro.

Década do cérebro e neurotecnologia

A humanidade assiste a uma onda de geração de conhecimento sobre o nosso cérebro que ganhou volume incomum a partir da década de 1990. A "década do cérebro", como foi chamada, sequenciada neste novo século, produziu mais informações do que havia sido possível amealhar nos mais de cem anos anteriores, desde quando o espanhol Santiago Ramón y Cajal anunciou ao mundo o papel dos neurônios como unidades discretas do cérebro, marcando o início da neurociência moderna. Todo esse interesse debruçado sobre um pequeno e mágico órgão, com apenas 2% do nosso peso, porém consumidor voraz de cerca de 20% da nossa energia. O mais complexo objeto material do universo conhecido, como nos lembra o Prêmio Nobel de Medicina Gerald Edelman.

A neurotecnologia, o maquinário da usina desse conhecimento, é o arsenal de ferramentas disponíveis para especialistas e pesquisadores entenderem e influenciarem o comportamento do nosso cérebro e do nosso sistema nervoso. Ela abriu a janela para que pudéssemos observá-los em ação. Um marco importante nesse percurso foi, em agosto de 1980, a primeira ressonância magnética (MRI) do corpo inteiro de um paciente na Escócia, um avanço comparável ao que representara a descoberta dos raios X. Em meados da década seguinte viria o passo decisivo, as imagens por ressonância magnética funcional (fMRI), que registram a imagem do cérebro em atividade antes, durante e após determinados estímulos, mostrando a ativação das regiões envolvidas com as diferentes tarefas. Há pouco mais de duas décadas só se podia examiná-lo abrindo o crânio de pacientes com lesões severas ou já falecidos, que juntamente com as cobaias alimentavam as pesquisas da época.

A expansão da neurotecnologia, que além das pesquisas envolve a produção de medicamentos e técnicas de tratamento voltadas para os mais de 2 bilhões de pessoas que sofrem de distúrbios neurológicos, psiquiátricos e de lesões no sistema nervoso, tem sido veloz desde então. Os aparelhos são cada vez mais poderosos, viabilizando uma onda sem precedentes de pesquisas na área. Foi assim que se começou a decifrar muitos enigmas da nossa mente. Graças a eles, no ano 2000, em um laboratório na Universidade Stanford, cientistas constataram, perplexos, que simples imagens de dinheiro em espécie despertavam reações cerebrais muito mais intensas do que fotos horripilantes de crimes ou de vítimas de acidentes.

Uma revolução global

Hoje, contam-se aos milhares os neurocientistas e em bilhões os investimentos que lhes são destinados, dando lugar à revolução em curso, que geograficamente assume contornos mundiais, em um esforço cada vez mais multidisciplinar e ambicioso. Pelo peso econômico e a tradição de pesquisas, é natural que nos Estados Unidos ela adquira maior destaque e visibilidade. As dotações à pesquisa aprovadas pelo Congresso na década de 1990 e o apoio do presidente Barack Obama, em 2013, à Iniciativa BRAIN (Brain Research Through Advancing Innovative Neurotecnologies), divulgada por ele como "o próximo grande projeto americano" — reunindo órgãos federais, fundações, institutos, universidades e a indústria —, impulsionaram esse movimento.

Comparado ao Projeto Genoma Humano, com investimentos em torno de US$ 1,5 bilhão na década de 1990, a pesquisa BRAIN é fruto da cooperação entre neurocientistas e nanocientistas. Entre os participantes da pesquisa, Cornelia Bargmann, da Universidade Rockefeller, e William Newsome, da Universidade Stanford, buscam identificar como as células individuais e os complexos circuitos neurais interagem na velocidade do pensamento. A Universidade Columbia também deu um passo promissor: US$ 200 milhões gastos na construção da Mind, Brain and Behaviour Initiative, um esforço para estreitar os laços entre neurocientistas e os tantos departamentos de Ciências Humanas, assim como as escolas de Administração e Direito. O Massachusetts Institute of Technology (MIT) recebeu nos últimos anos US$ 350 milhões em doações para construir seu McGovern Institute for Brain Research. Na Universidade da Califórnia, o neurocientista Michael Gazzaniga foi convidado a dirigir um projeto multimilionário que avalia o impacto da neurotecnologia no sistema legal, reunindo pesquisadores e especialistas de mais de duas dúzias de universidades americanas. E há outras dezenas de iniciativas semelhantes no país. O orçamento anual para pesquisas na área do cérebro e do sistema nervoso do Instituto Nacional de Saúde, nos EUA, prevê investimentos de US$ 4,5 bilhões entre 2016 e 2028. E o financiamento dos investidores privados nas pequenas start-ups do setor teve um aumento em torno de 300% nos últimos anos.

 A onda se espraia em diferentes países nos diversos continentes. Israel, Austrália, Nova Zelândia e Japão desenvolvem pesquisas cerebrais inéditas. No Brasil, há quatro centros de referência atuando: na Universidade de São Paulo, na Universidade Federal do Rio de Janeiro, na Pontifícia Universidade Católica do Rio Grande do Sul e na Universidade Federal do Rio Grande do Norte. Na Europa, € 1 bilhão financiam um projeto liderado pelo pesquisador Henry Markram visando a criar uma simulação do cérebro humano com uma consciência o mais próximo possível da nossa. Para a necessária representação do funcionamento dos neurotransmissores e dos trilhões de conexões sinápticas foram convocados especialistas em computação, desafiados a conceber equipamentos cinquenta vezes mais velozes do que os mais rápidos supercomputadores atuais. A dimensão inédita da iniciativa financiada pela Comissão

Europeia somada ao envolvimento de um consórcio de 112 instituições deu lugar a acesas polêmicas, mas o projeto segue em frente. Na China, o investimento assume as proporções da economia do país. Entre outras, eles conduzem atualmente uma pesquisa neurogenética com uma amostra de tamanho inusitado, nada menos que 100 mil pares de gêmeos.

E a investigação multidisciplinar alcança o mais amplo escopo da atividade humana. No Canadá, na Universidade de Montreal, uma equipe formada por músicos, psicólogos e neurocientistas trabalha em um centro chamado BRAMS — Laboratório Internacional para Pesquisa de Cérebro, Música e Som —, no qual minuciosamente acompanham, de um lado, como o córtex auditivo dos ouvintes reage à música, e, de outro, como ela se desenvolve no cérebro dos próprios músicos.

Como resultado de todo esse esforço, o conhecimento progrediu de forma impressionante, tendo alcançado patamares até pouco tempo atrás inimagináveis. Para se ter uma ideia muito resumida do escopo desse avanço, os cientistas conseguiram desde entender como os genes dão origem às moléculas do cérebro até mesmo simular em computadores alguns conjuntos de neurônios. Esse processo segue em marcha batida para esclarecer o que o Prêmio Nobel de Medicina Eric Kandel chama de "o desafio final": compreender a base biológica da consciência.

Um grande número de atividades humanas já se beneficiou da revolução em curso. A psicologia e a psicanálise foram as primeiras. Em outras áreas, uma vez devidamente processados os inputs, novas veredas já foram codificadas e os galhos da árvore vão se multiplicando, a exemplo da neuroeconomia, das neurofinanças, do neurodireito, da neuroeducação, da neuroética, da neuropolítica, do neuromarketing e da neuropropaganda.

Além disso, aguardam-se ainda, em um futuro próximo, novos avanços da neurociência social. Ela investiga como os sistemas neuroendócrinos ajudam a modular os comportamentos sociais da solidariedade à agressão. São eles que dão lugar à empatia, o magneto aglutinador dos humanos, única espécie caracterizada pela "ultrassociabilidade", capaz de desenvolver cooperação ampla e regular entre grandes grupos geneticamente heterogêneos. Tais avanços irão contribuir na elaboração de melhores políticas públicas, no planejamento e na atmosfera de melhores locais de trabalho e na formatação de melhores ambientes domésticos. Em suma, vão ajudar a fazer uma sociedade melhor.

Máquinas de sentimentos e a neuropropaganda

Acreditamos que destacar a neuropropaganda do neuromarketing é tão natural e benéfico quanto foi, para o estudo e o desenvolvimento da publicidade como profissão, a sua autonomia em relação ao universo do marketing onde está inserida. O mesmo pode ser dito do neuromarketing em relação à neuroeconomia, que além dele gerou as neurofinanças.

Este livro tem como foco a neuropropaganda (publicidade e propaganda tomadas como sinônimos), procurando apresentar uma seleção de conhecimentos básicos da neurociência que podem e devem ser aplicados a esse nicho muito especial da comunicação. Por neuropropaganda entendemos a utilização do conhecimento especializado da neurociência para o exercício, o estudo e a avaliação da comunicação publicitária. Sua adoção é consequência direta da superação do paradigma do consumidor racional, que abriu espaço para o modelo de dominância afetiva e do inconsciente. Esse processo ainda está em curso, mas é irreversível. A estimulá-lo estão os fatos conhecidos que se traduzem em números de dimensão eloquente. A cada segundo, todos os nossos sentidos captam cerca de 11 milhões de bits de informações as mais variadas, porém, desse total impressionante, nós só processamos conscientemente escassos 40 bits. O resto cabe ao inconsciente processar. Confirma-se, mais de um século depois, o diagnóstico magistral de Freud: "A consciência é apenas o topo do iceberg."

Apresentação

Em tempos de diluição das audiências de *broadcasting* e da ascensão dos canais onde marcas dialogam com clientes individuais, não só conhecê-los pelo nome, mas conhecer também a natureza dos seus sentimentos, relacionando-se afetivamente com eles, pode fazer toda a diferença. Em 2015, a Shutterstock, empresa multinacional de banco de imagens, analisou 500 milhões de downloads sobre diversos temas, em diferentes culturas, e concluiu que embora as mensagens de amor prevaleçam no ranking de buscas, a tristeza foi a emoção que apresentou maior crescimento em 2014 (+101%), acompanhada pela alegria (+86%) e pelo amor (+73%). O aumento da presença do medo (+71%) quase o deixa empatado em terceiro lugar. Mais distantes, estão a surpresa (+61%) e o ódio (+52%). Embora o levantamento seja discutível, tendo usado apenas parte do universo emocional, os dados impressionam. O que pode vir a acontecer às marcas em um mundo onde, ao menos no universo online, a tristeza é o sentimento que mais cresce, e o amor e o medo viajam na mesma velocidade?

A neuropropaganda pode representar para a performance dos publicitários o papel de um autêntico neurotrópico, uma dessas drogas inteligentes que melhoram o desempenho mental, com a vantagem da absoluta segurança de não trazer efeitos colaterais negativos. Uma vez devidamente absorvida no cotidiano profissional, passando a permear todas as etapas do processo de trabalho, será um forte potencializador cognitivo que ajudará a conectar as informações mercadológicas de forma diferente, a reconhecer a prevalência do *driver* emocional e do inconsciente no processo decisório dos consumidores, a compreender que os indivíduos são muito mais "racionalizadores" do que racionais. Porque, como afirma o neurocientista António Damásio, somos máquinas de sentimentos que pensam e não máquinas racionais que se emocionam. E, se queremos entender as emoções, é inescapável conhecer o cérebro humano, trazendo a visão da neurociência e da biologia evolucionária para somar-se à abordagem cultural tradicional do marketing e da publicidade. A neuropropaganda focada no engajamento emocional aposenta de vez o publicitário Mad Men do século XX, preocupado em traduzir criativamente a *unique selling proposition*.

Os magos precursores

O leitor verá, ao recuperarmos em vários capítulos campanhas vitoriosas que incorporam os requisitos da neuropropaganda, exemplos incríveis de como bons profissionais há muito utilizam, *avant la lettre*, os paradigmas dessa nova fronteira. Publicitários brasileiros de renome internacional como Washington Olivetto, Nizan Guanaes e Marcello Serpa, assim como um seleto grupo de profissionais de outros países, já praticavam neuropropaganda do melhor quilate há muito tempo. Foram verdadeiros precursores. Se Marcel Proust mereceu ser qualificado por Jonah Lehrer como "autêntico neurocientista" porque identificou o papel da fragrância na memória do seu personagem mais conhecido, fazendo com que o olfato lhe resgatasse o tempo perdido, nossos magos, pelo conjunto da obra, merecem muito mais. Deles há exemplos de comerciais marcantes resgatados ao longo dos capítulos.

De A a Z ou o inverso

Este livro pode ser percorrido como o leitor desejar. Não foi concebido segundo um traçado linearmente evolutivo de exposição das informações. Ou seja, cada capítulo não supõe a leitura dos que o precedem. Daí surgirem por vezes repetidos alguns conceitos. Ele pode ser lido de A a Z, bem como na ordem inversa, ou você poderá ainda escolher apenas suas letras preferidas.

Dois aspectos nos parecem relevantes na perspectiva dos leitores para sua compreensão. O primeiro deles é que você não tem em mãos um "manual" de neuropropaganda, com um passo a passo de ações e protocolos a serem observados. Não é esse o objetivo. O que se pretende é despertar ou aumentar sua atenção para essa área, expondo de forma acessível os seus fundamentos a quem tem pouca familiaridade com o campo original dos conceitos, a neurociência.

O segundo aspecto a ser ressaltado, até por honestidade intelectual, diz respeito às principais limitações do trabalho, afora aquelas mais óbvias relativas ao escopo reduzido da temática abordada, ou ao volume insuficiente do texto que lhe foi dedicado. Os autores, deliberadamente, deixaram de incluir na abordagem de cada tema as controvérsias existentes em alguns deles entre os pesquisadores. Essa opção buscou evitar um grau de complexidade adicional para leitores que se iniciam nessa literatura.

Outra limitação do livro — paradoxalmente, para nós, a mais excitante delas — é a expectativa de sua sobrevivência no tempo. Nossa convicção é de que uma parte de tamanho imprevisível dos conceitos aqui expostos estará superada ou receberá adendos importantes em pouco tempo, à medida que avançam em ritmo vertiginoso as pesquisas respondendo às dúvidas sobre a evolução, o desenvolvimento e a função do mais complexo dos nossos órgãos. *Sempre em movimento*, o título em português da autobiografia do consagrado neurologista e escritor Oliver Sacks, publicada pouco antes da sua morte, embora referindo-se ao autor, poderia ser um epíteto perfeito para a marcha da neurociência, que altera na sua esteira todo o conhecimento tributário. Quem sabe teremos uma nova edição "revista e atualizada" daqui a cinco anos?

Além de figuras ilustrativas e gráficos que visam a facilitar o entendimento, reproduzimos alguns frames de peças publicitárias representativas dos temas tratados. Foram adicionadas, ainda, as principais referências da bibliografia utilizada, o que permitirá aos interessados complementar informações, tirar dúvidas ou aprofundar o exame do tema em questão.

O público-alvo primário do livro é composto por jovens profissionais e estudantes de publicidade, comunicação e marketing, mas esperamos que também venha a despertar interesse e se mostre útil para os profissionais das agências de todas as idades que gostam de refletir sobre sua área de atuação, e também para as pessoas que mesmo ligadas a outras áreas de trabalho tenham interesse no tema.

Referências

ARF. *How advertising works today: the industry's most groundbreaking and intuitive research in 30 years*. Disponível em: <thearf.org/how-advertising-works>.

CARTER, R. *Mapping the mind*. Oakland: University of California Press, 2000.

DAMÁSIO, A. *Em busca de Espinosa*. São Paulo: Companhia das Letras, 2004.

DIDOCA, A. "How to conduct a functional magnetic resonance (fMRI) study in social science research". *MIS Quarterly*, 2011.

EDELMAN, G. *Wider than the sky: the phenomenal gift of consciousness*. Londres: Yale Nota Bene, 2005.

KOTLER, P.; KARTAJAYA, H.; SETIAWAN, I. *Marketing 3.0: as forças que estão definindo o novo marketing centrado no ser humano*. 4. ed. Rio de Janeiro: Elsevier, 2010.

LAURENTINO, S. et al. "Decision-making in moral conflict: a brain electrical tomography analysis". *Neuroscience of Decision Making*, 2013, p. 19-25.

LEHRER, J. *Proust foi um neurocientista*. Rio de Janeiro: BestSeller, 2010.

LI, C.; BERNOFF, J. *Groundswell: winning in a world transformed by social technologies*. Boston: Harvard Business Review Press, 2008.

LINDEN, D. *The accidental mind: how brain evolution has given us love, memory, dreams, and god*. Cambridge: Belknap Press, 2007.

LYNCH, Z. *The neuro revolution: how brain science is changing our world*. Nova York: St. Martin's Press, 2009.

MONTAGUE, P. "Neuroeconomics: a view from neuroscience". *Functional Neurology*, v. 22, n. 4, 2007, p. 219-34.

RESTAK, R. *The naked brain: how the emerging neurosociety is changing how we live, work, and love*. Nova York: Broadway Books, 2007.

SACKS, O. *Sempre em movimento: uma vida*. São Paulo: Companhia das Letras, 2015.

ZIMMER, C. *Soul made flesh: the discovery of the brain — and how it changed the world*. Nova York: Free Press, 2004.

AGRADECIMENTOS

Os autores são um cientista social e um jornalista, unidos pelo interesse pela neurociência. O primeiro traz na bagagem trinta anos de consultoria em pesquisa para agências de publicidade e algumas das maiores corporações públicas e privadas do Brasil. O segundo frequentou o curso de medicina antes de dedicar-se ao jornalismo, onde fez carreira na televisão.

As atividades em seminários e pesquisas desenvolvidas em caráter pioneiro pelo NeuroLab Brasil (Laboratório de Neurociência Aplicada), fundado pelo Ipespe (Instituto de Pesquisas Sociais, Políticas e Econômicas), foram estímulos decisivos para a ideia de elaboração deste livro. Nossos agradecimentos especiais, pela leitura de capítulos e pelas sugestões feitas, à neurocientista Silvia Laurentino, consultora científica e fundadora conosco do Neurolab; à Marcela Montenegro, diretora executiva do Ipespe; à publicitária Renata Gusmão; à pesquisadora Bartira Lins que também nos auxiliou na seleção do material de pesquisa e dos cases publicitários utilizados; e ao neuropsiquiatra Alfredo Castro Neto que fez uma paciente análise crítica do conjunto do livro.

À Editora Record, e à equipe formada por Duda Costa, Igor Soares e Thaís Lima, pelo cuidado e pela dedicação ao projeto, em especial ao editor executivo Carlos Andreazza, que compartilhou o entusiasmo pelo nosso livro, acolhendo-o ainda na fase preliminar, nossos agradecimentos.

1
AMÍGDALA: O RADAR DO PERIGO

No fim de outubro de 2015, a Organização Mundial da Saúde (OMS) divulgou um relatório indicando que comer carne processada aumenta consideravelmente o risco de se ter câncer no intestino. O estudo aponta que este tipo de alimento é tão perigoso quanto o tabagismo, o contato com amianto ou com a fumaça do diesel. O instituto de pesquisas IRI observou as vendas de bacon e linguiças nos principais supermercados do Reino Unido, comparando os valores na semana da divulgação do relatório com os da semana seguinte. De uma semana para a outra, a queda das vendas representou um prejuízo de US$ 4,5 milhões; a queda das vendas de linguiça foi de 15,7%, enquanto as de bacon caíram 17%.

Os números mostram que o impacto para o setor é enorme. Notícias e estudos científicos negativos, juntos, sempre ajudam a derrubar vendas. Uma explicação para este efeito quase imediato das más notícias no consumo é que o cérebro possui um local que funciona como radar de perigo, que tem ação inconsciente. A amígdala nos deixa em constante busca por qualquer fator que possa representar uma ameaça e, quando encontra, aciona reações de luta, fuga ou paralisação, extremamente excitantes. Quando o consumidor se depara com uma campanha, a amígdala passa esse radar pela mensagem, para se certificar de que não entrará em contato com nada perigoso. É importante se ter em conta que nada nesta avaliação é racional ou objetivo. Ela opera estritamente no campo emocional e tem como premissa básica evitar o pior. A ação é uma estratégia rudimentar de sobrevivência, traduzida no velho ditado popular que diz: "É melhor prevenir do que remediar."

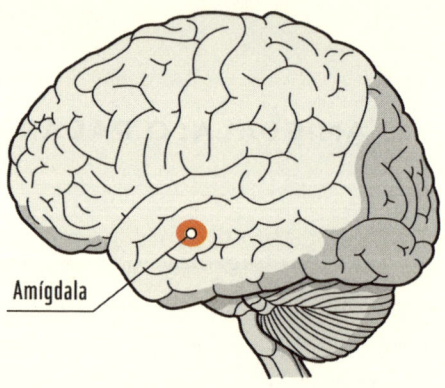

A função da amígdala foi importantíssima em épocas primitivas, quando era melhor evitar alimentos tóxicos e ficar atento a perigos como animais ferozes à solta. Com o passar de milhares de anos, ela se adaptou à nova vida e, atualmente, é possível temer — emocional e inconscientemente — investimentos financeiros, crenças religiosas e posicionamentos políticos, por exemplo. A aversão a uma ideia pode se refletir no mercado. Uma pesquisa internacional aponta que de 40% a 50% das pessoas evitam produtos de empresas que não seguem "práticas adequadas". Um equívoco comum na comunicação de produtos e marcas é achar que racionalizar a sua qualidade pode influenciar os consumidores mais facilmente. Lembre-se de que a reação do público terá sempre um componente emocional mais forte. As campanhas devem levar em conta que a amígdala é míope: só conseguimos enxergar o que está próximo, a curto prazo. As intenções de longo prazo sempre são deixadas para depois. Os comerciais precisam mostrar como o produto e a marca são importantes e devem ser consumidos "neste" momento.

Amígdala: o radar do perigo

Seguros servem para acalmar a amígdala, pois deixam a sensação de estarmos preparados para uma eventualidade indesejada. A Mapfre entendeu essa necessidade e soube traduzi-la em um comercial, veiculado em 2015.

Mapfre Seguros: *Tem jeito*. 60"*
Agência Talent Marcel

As cenas são de acidentes, que sempre acionam a amígdala, causando sentimentos como angústia, nervosismo e estresse. Mas, no comercial, os problemas são mostrados de forma cômica, como no cinema pastelão, com um jingle calmo e divertido. Após os acidentes, os personagens são atendidos prontamente por funcionários da seguradora, sorridentes e dispostos. Depois surge o cliente com expressão de alívio, sorridente. O filme finaliza com: "tem Mapfre, tem jeito", indicando que o espectador precisa daquele produto para não ativar a amígdala.

Campanhas ansiolíticas

Outro ditado antigo que tem relação direta com o funcionamento da amígdala é: "Gato escaldado tem medo de água fria." A amígdala tem circuitos com uma função específica: lembrar do perigo e estimular a sensação de medo e receio. A publicidade deve ficar atenta também a esta característica. A amígdala faz parte de uma área do cérebro que chamamos de sistema límbico. Também fazem parte dele, entre outras estruturas, o hipocampo, centro da memória de longa duração; o tálamo, uma ponte entre nosso centro emocional e os estímulos externos; e o hipotálamo, que controla o sistema vegetativo do corpo.

---

* Disponível em: <https://www.youtube.com/watch?v=HQfyQhVOuY4>.

O sistema límbico é como o piloto automático de um grande avião, capaz de manter a aeronave em curso sem nenhuma interferência do comandante. Quando um Boeing 747 está no ar com quase quatrocentos passageiros, todo o maquinário tecnológico à frente do comandante faz as alterações para manter a rota pré-indicada. Cada detalhe é rastreado por uma enorme quantidade de equipamentos, inclusive com duplicidade, para que erros não ocorram. Quando está muito perto de outro avião, por exemplo, o computador dispara um alarme. A tripulação, então, precisa tomar decisões para resolver o problema. O alarme do piloto automático é a amígdala. A tripulação é outra área muito importante: o córtex pré-frontal (CPF), nosso centro racional. Ou seja, quando um alarme aparece, nosso cérebro racional deve ser acionado para resolver. Não pense que nos tornamos seres puramente racionais quando a amígdala dá um alarme do perigo e o córtex pré-frontal nos tira do "piloto automático". A emoção sempre terá força muito maior no cérebro. O córtex pré-frontal permite que se contemple a atividade mental, o que os psicólogos chamam de metacognição. Quando temos consciência de que estamos com medo, procuramos as causas desse sentimento. As campanhas de produtos que mexem no nosso bolso, com amígdalas "superativadas", precisam levar em consideração que o cérebro opera sempre no automático, emocionalmente, mas existe um maestro, o córtex pré-frontal, que poderá reorganizar a mente, avaliando os alertas.

Nos últimos anos, cresceram as denúncias de abusos sexuais sofridos por mulheres em locais públicos — e de grande movimento — das metrópoles brasileiras. Não há dúvida de que o aumento de notícias sobre casos de abusos aciona a amígdala das mulheres. O metrô de São Paulo, nessa perspectiva, desenvolveu uma campanha que mostra que as mulheres não estão sós. Em 2014, foram registrados 65 casos de assédio entre janeiro e agosto. No ano seguinte, neste mesmo período, o número subiu para cem.

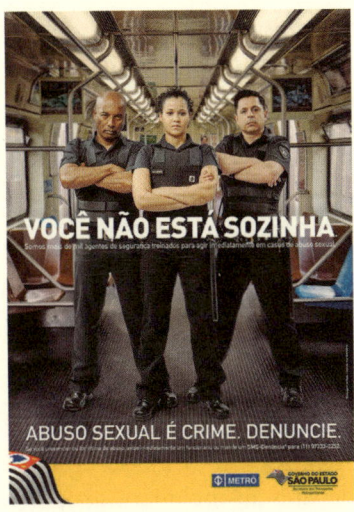

Metrô de São Paulo: *Você não está sozinha*. Cartaz Agência Nova/SB

Para aumentar a sensação de segurança, a campanha desenvolveu fotos de grupos com os mais diversos tipos de pessoas unidas, com semblantes sérios. Abaixo da foto, uma frase simples, de fácil compreensão, que é mais do que um simples lema de confiança. O cérebro das vítimas potenciais é tomado pela certeza de que o crime será vencido pela união. A campanha teve excelente repercussão em pesquisa realizada com usuários: 70% responderam que se sentiam mais à vontade para denunciar um abuso após a campanha.

A amígdala em ação

Ver um produto tóxico faz com que o corpo materno reaja, o coração começa a bater mais rápido. A amígdala aciona a ínsula — parte do cérebro racional que serve como elo com a área emocional —, anunciando o momento em que a mãe esbraveja e toma a decisão de se afastar do consumo. O cérebro materno é supervigilante. Na pré-história, isso frequentemente salvou os bebês de serem devorados por animais.

Segundo o neurocientista Richard Davidson, diretor do Laboratório de Neurociência Afetiva da Universidade de Wisconsin, nos EUA, sentir repulsa por um produto tem como consequência considerar que o concorrente é melhor, uma espécie de "efeito contraste". Esta é a melhor forma de convencer o cérebro míope a pensar a longo prazo. Produtos mais saudáveis normalmente são mais caros, o que pode ser uma experiência desagradável para o cérebro. Porém, quando falamos de afastar filhos de doenças, mesmo que pensando a longo prazo, os produtos saudáveis acalmam a amígdala materna.

Quando se está em meio a um grupo de mães, é fácil notar que elas trocam muitas informações sobre produtos. Agora, multiplique exponencialmente esses debates ao incluir os grupos nas redes sociais. Há milhares de grupos de mães que, mais do que trocar informações, cooperam entre si. Anúncios para elas, além de estimularem a produção de ocitocina, o hormônio do carinho, precisam acalmar a amígdala com imagens relaxantes, mostrando o bem-estar da família.

Um bom exemplo desse mecanismo é utilizado pela SBP. O filme começa com a criança que não consegue dormir, por ser atacada por mosquitos a noite inteira. O clima de ansiedade é aumentado pelo rosto da criança triste e cansada. A expressão da mãe é de tristeza e preocupação.

SBP Elétrico: *Noites tranquilas*. 30'"*
Agência Havas Worldwide

---

* Disponível em: <https://www.youtube.com/watch?v=PFJb9qBsq3s>.

Para uma mãe, ver o filho desprotegido é como ser sequestrada pela ação da amígdala. Ou seja, tudo o que passa na mente é o alerta. O comercial então mostra que o repelente serve como um escudo protetor, envolvendo a criança e protegendo a casa inteira. Por fim, a cena reconfortante: a criança se levanta da cama disposta e brincando, para a alegria da mãe. Um verdadeiro alívio para a amígdala materna.

Referências

COHEN, J. "The vulcanization of the human brain: a neural perspective on interactions between cognition and emotion". *Journal of Economic Perspectives*, n. 19, 2005, p. 03-24.

ELLISON, K. *The mommy brain: how motherhood makes us smarter*. Nova York: Basic Books, 2006.

GOLEMAN, D. *A inteligência ecológica*. Rio de Janeiro: Elsevier, 2009.

LEHRER, J. *O momento decisivo: o funcionamento da mente humana no instante da escolha*. Rio de Janeiro: Best Business, 2010.

O'ROURKE, D. "Market movements: nongovernmental organization strategies to influence global production and consumption". *Journal of Industrial Ecology*, v. 9, 2008, p. 115-28.

PAWLUSKI, J.; LAMBERT, K.; KINSLEY, C. "Neuroplasticity in the maternal hippocampus: relation to cognition and effects of repeated stress". *Hormones and Behavior*, n. 6, 2015, p. 110-15.

REUTERS. "OMS diz que carne processada pode causar câncer e carne vermelha provavelmente pode causar câncer". Veiculado em: 26 out. 2015. Disponível em: <br.reuters.com>.

REUTERS. "Vendas de bacon e linguiça na Grã-Bretanha sofrem queda por ligação com câncer". Veiculado em: 23 nov. 2015. Disponível em: <br.reuters.com>.

VOGEL, D. "The hare and the tortoise revisited: the new politics of consumer and environmental regulation in Europe". *British Journal of Political Science*, n. 33, 2003, p. 557-80.

2
BRANDING NEUROTOUR:
AS ESTAÇÕES ENTRE EMOÇÃO E RAZÃO

O nosso cérebro toma decisões quase sempre de forma automática, baseado nas emoções. Mas não podemos esquecer que, mesmo nas decisões mais emocionais, o cérebro cognitivo tem participação (no mínimo) como agente "racionalizador". E o contrário também é verdadeiro: aquela decisão que pareceu tão racional teve enorme componente emocional. As partes do cérebro estão todas conectadas, trabalhando juntas. A mente é especialista em nos dar a impressão de que cada passo que damos é milimetricamente pensado. Na verdade, para entender como o *branding* navega pelo cérebro, primeiramente, é preciso saber que estamos sempre organizando nossas impressões e compondo nossos sentimentos, com porções variáveis de emoção e racionalidade.

A via emocional é chamada de "secundária", pois trabalha o tempo inteiro, quase sempre sem que tenhamos consciência. A via secundária é responsável pela maioria das ações do cérebro, quando operamos no modo automático. Os estímulos trafegam pela via emocional em altíssima velocidade. São aqueles pensamentos que surgem às vezes sem entendermos como dominaram a mente. A via racional é chamada de "principal", é o domínio do pensamento consciente. O controle voluntário exige esforço e tem menor velocidade. O comportamento do consumidor, grosso modo, reflete o funcionamento destas duas vias, que são esquemas de como o cérebro lida com os estímulos.

Quando nos deparamos, quase que de surpresa, com um objeto de desejo, o afã arrebatador é um mecanismo da via secundária. O impacto é imediato. De um momento para outro, fica-se encantado. A via secundária, em megavelocidade (menos de 12 milissegundos), dispara neurotransmissores como a dopamina e a serotonina, responsáveis por sentimentos como desejo e prazer. Todas as outras ações do cérebro serão influenciadas. A via secundária é automática e tem caráter estritamente emocional, afetivo.

A via principal, na decisão de compra, é o que normalmente chamamos de voz da razão. Damos um passo atrás para avaliar (ou tentar avaliar, frear o impulso). É preciso compreender que não existe uma função mental que seja exclusiva da via principal. Mas várias delas são exclusivas da via secundária.

O padrão do cérebro é operar no automático, minimizando ao máximo a utilização da via principal. Porém, em momentos-chave, a via principal entrará em ação. Pode ser por acaso, em um acontecimento inesperado, simples, como não ter no supermercado a pasta de dente que compramos todo mês, ou em momentos mais complexos, como se perder em uma estrada e perceber que o sinal do GPS não é encontrado há horas, o que torna necessário aprender a chegar no destino. A via principal pode também ser acionada intencionalmente, por exemplo, quando escolhemos focar nossa atenção na leitura de um livro em meio a um saguão de aeroporto repleto de passageiros ou quando conversamos com a pessoa que queremos conquistar em uma festa lotada, com a música em volume altíssimo.

O tálamo é a área do cérebro que recepciona os sentidos. Todos os estímulos são recebidos por ele, que os repassa ao córtex. Observe na imagem anterior que o tálamo se encontra numa altura média

Percurso cerebral da via principal e da via secundária

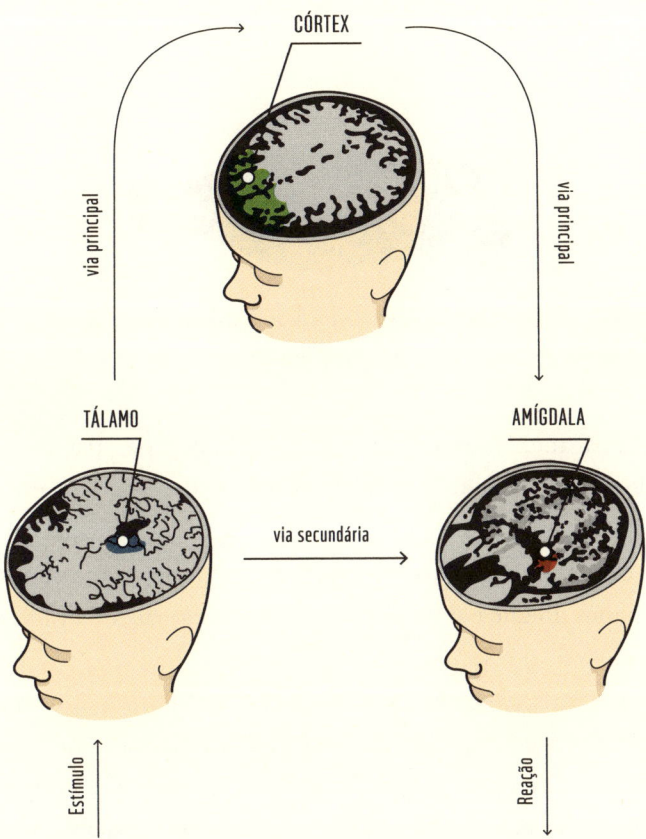

comparado ao córtex e à amígdala, uma das áreas mais importantes do cérebro automático. Mas a distância percorrida pelo estímulo na via secundária é bem menor do que na principal.

Uma imagem vale mais do que mil palavras

Uma campanha consegue conquistar o consumidor quando domina a via secundária. Mais do que isso, a via principal precisa ter a ação ainda mais reduzida na decisão de compra. O contágio emocional é fundamental na publicidade. Há mais de um século, curvas talentosamente desenhadas em vidro criaram um formato que hoje é inerente à memória de quase toda a população mundial.

Coca-Cola: *Quick. Name a soft drink.* Outdoor.
Agência House

A propaganda anterior, que em seu título pede "Rápido. Diga o nome de um refrigerante", foi veiculada em revistas e jornais americanos em 1994. O acerto no design é um atalho para a conquista da via secundária, o caminho da emoção no cérebro. O sentimento de conexão depende menos do que é dito e mais do elo emocional. A Coca-Cola sabe disso há mais de um século.

Em 1915, o advogado da empresa, Harold Hirsch, organizou um concurso de design para encontrar a garrafa ideal. Não funcionava mais o modelo que a empresa tinha, desde 1886, de vender o xarope inventado pelo farmacêutico americano John Pemberton para ser misturado depois pelos revendedores com água gaseificada. Era preciso engarrafar e vender o produto pronto, padronizado, e evitar as falsificações para dominar o mercado de vez. O objetivo do concurso era criar "uma garrafa que uma pessoa pudesse reconhecer apenas com o tato, e que tivesse um formato identificável com uma rápida olhada". O vencedor se inspirou em uma fava de cacau para o desenho. Em pouco mais de dez anos, as garrafas já superavam as vendas a granel.

A garrafa é um ícone que inspira o consumo de refrigerante. Mesmo quem não bebe Coca-Cola pensa nela quando vê as curvas da imagem anterior. O desenho é um conquistador de vias secundárias de cérebros ao redor do mundo. Ele empolga o nosso córtex visual e também domina pelo tato uma larga porção do nosso córtex somatossensorial. E é democrático. O artista pop Andy Warhol (que já homenageou a garrafa em um de seus trabalhos) declarou: "Não importa quanto dinheiro você tenha: nenhuma quantia no mundo pode te dar uma Coca-Cola melhor do que aquela que o coitado da esquina está tomando."

O cérebro consumista em tempos de crise

Em tempos de crise econômica, é comum que equivocadamente a publicidade tente apelar para a via principal do cérebro. Como se as dificuldades nos tornassem mais racionais. Na verdade, o mais importante é ficar atento a como trabalhar a mensagem com a via secundária. Uma mensagem emocional irá regular melhor as ações cognitivas. Jim Stengel, da P&G, disse, em 2008, no auge da crise nos EUA, que "proposições em torno de missões carregadas de emoção, muitas vezes apoiadas por esforços de marketing de causa, são mais importantes do que nunca". Pesquisas norte-americanas mostraram que os consumidores esperam uma postura de envolvimento com causas sociais pelas empresas, como forma de "fazer sua parte" no momento difícil. Segundo pesquisa da Cone Communications realizada no mesmo ano, 52% dos americanos esperavam que as empresas mantivessem seus investimentos sociais, ao passo que 26% esperavam que estes fossem ainda maiores, e quase 80% esperavam uma postura proativa das companhias. Investimentos em educação e apoio ao desenvolvimento econômico estavam no topo das escolhas.

Nessa perspectiva, a IBM desenvolveu uma campanha arrojada de posicionamento de marca mundial intitulada *Smarter planet* [Planeta mais inteligente], que incentiva a criação de um mundo mais eficiente, que leve ao progresso e desenvolvimento, desde a melhoria dos pontos de ônibus até o fornecimento de água. O conceito lançado em meio à crise de 2008 vem sendo desenvolvido até hoje.

IBM: *Smarter Planet.* Mídia impressa
Agência Ogilvy

As peças são exemplos dados pela campanha de como fazer um mundo melhor: ajudar motoristas a evitar o trânsito e apoiar pequenos negócios na Índia. Assim, a marca mostra-se solidária e empática, o que minimiza o sentimento típico nos tempos de crise: o medo do futuro.

Em 2009, uma das maiores redes de supermercado do mundo também preparou uma campanha que encarava a crise com otimismo. Em setembro de 2009, o grupo francês Carrefour apresentou a campanha *Le positif est de retour* [A positividade está de volta], uma espécie de declaração de guerra contra o pessimismo do mercado consumidor, trocando a crise pela esperança. Uma estratégia inteligente para estimular o otimismo e conquistar a preferência dos consumidores franceses.

Carrefour: *Le positif est de retour.* **35"***
Agência Publicis

No filme, enquanto um locutor faz afirmações positivas, o rosto da mulher, que aparecia muito sério (até um pouco melancólico), começa a se transformar aos poucos, até estampar um largo sorriso. O filme termina com a imagem da marca e a frase "a positividade está de volta". Ao estimular a sensação de tranquilidade para a via secundária — a parte emocional e automática do cérebro —, o comercial também estimula a ação cortical, para que tenha a sensação racional de que não há motivo para desespero. A via secundária é tomada pela sensação de otimismo, para que a via principal compreenda que a crise pode ser superada.

Enfrentar a crise de forma positiva — como fizeram com sucesso IBM e Carrefour — e posicionar a marca na clave do otimismo são passos importantes para a conquista emocional dos cérebros consumistas.

---

* Disponível em: <https://www.youtube.com/watch?v=dLB7lHi6fF0>.

Referências

CAMERER, C.; LOEWENSTEIN, G.; PRELEC, D. "Neuroeconomics: how neuroscience can inform economics". *Journal of Economic Literature*, n. 43, 2005, p. 9-64.

CONE MARKETING. *Past. Present. Future. The 25th anniversary of cause marketing*. Boston: Cone Marketing, 2008.

DAVIDSON, R.; BEGLEY, S. *O estilo emocional do cérebro*. Rio de Janeiro: Sextante, 2012.

GLANCEY, J. "The real thing: the Coke bottle at 100". Veiculado em: 15 mai. 2015. Disponível em: <www.bbc.com>.

LEDOUX, J. *The emotional brain*. Nova York: Simon & Schuster, 1996.

LIEBERMAN, M. *The X and C systems: The Neural Basis of Automatic and Controlled Social Cognitions*. Nova York: Guilford Press, 2006.

SHALLICE, T.; BURGESS, P. "The domain of supervisory processes and temporal organization of behavior". *Biological Sciences*, n. 351, 1996, p. 1405-12.

3
CORES: AQUARELA EMOCIONAL

Antonio Nazaré, um mito que havia muito empolgava a plateia da praça de touros de Sevilha, rodopiou no ar quando fora atingido pelo animal enfurecido, envolto na exclamação quase silenciosa do público. Por uma fração de segundos, a fúria ganhara a corrida contra o treinado reflexo de esquiva do toureiro. Teria sido a fera instigada pela cor vermelha da capa provocativa que brilhava ainda mais forte ao sol daquela tarde? Nenhuma possibilidade. Na verdade os touros não distinguem as cores, percebem apenas os movimentos da capa esvoaçante e os decodificam como uma ameaça. Outros animais também são daltônicos, como os gatos e os cachorros, cujo olfato é o verdadeiro responsável pela leitura do mundo; há também aqueles que enxergam além da capacidade humana, como os insetos, que conseguem captar a luz ultravioleta.

Para nós, as cores têm uma importância significativa na percepção do universo que nos rodeia. Elas jogam um papel de destaque na nossa vida emocional e por isso ficam impregnadas às marcas. São intrínsecas a elas, como o amarelo do McDonald's, o azul do Facebook, o vermelho da Coca-Cola, ou o azul com laranja do Banco Itaú. Marcas são relacionadas a cores por 80% das pessoas.

A luz incide sobre os olhos, mas enxergamos mesmo é com o cérebro. Mais de 60% do nosso córtex estão envolvidos com o sistema visual, área que vai além da região primariamente voltada para ele no lobo occipital, na parte posterior da cabeça. O córtex visual recebe os fótons refletidos do que vemos através do nervo ótico, mas não os revela como uma câmera fotográfica. Manda uma imagem embaçada e sem sentido ao córtex pré-frontal, que 50 milissegundos depois a processa em alta resolução. Ou seja, há uma espécie de manipulação do resultado final. A nossa experiência visual ultrapassa as sensações visuais específicas. O cérebro é capaz de imaginar as cores conhecidas de um objeto mal ele aparece no campo visual. Se você estiver na praça de touros, a qualquer distância que possa perceber uma nesga que seja do touro, sua mente já completa o animal — negro, reluzente e ameaçador.

Os principais responsáveis pela percepção das cores são os cones, minúsculas estruturas cujo formato originou o nome e que se encontram sobretudo na retina central, que, diferentemente da retina periférica, responsável por detectar luzes fracas, está mais capacitada para responder pela visão de alta resolução. Eles possuem pigmentos visuais vermelhos, verdes e azuis. E é a quantidade de luz relativa que absorvem que explica como surgem as cores na nossa mente. A cor amarela, por exemplo, é resultado de uma combinação adequada de luz vermelha e verde.

Como utilizamos esse sistema de três cores, somos tricomatas. Ou melhor, a esmagadora maioria de nós, mas não todos. Erros genéticos resultam em pessoas que não possuem um dos pigmentos e como tal destoam daqueles com visão normal; os casos mais comuns são de daltonismo. Embora isso não gere grandes problemas de comunicação, é bom ficar atento a essas características. Entre os homens, 8% não têm um dos pigmentos ou o têm defeituoso; já o mundo colorido das mulheres é mais perfeito: apenas 1% delas apresenta alguma anormalidade. Aproveite e confira quantas cores consegue enxergar no teste a seguir.

Cores: aquarela emocional

Faça um teste rápido para ver quantas cores consegue perceber

Cores e sabores

A relação entre cores e sabores é da maior importância para a indústria de alimentos, e por isso vem sendo estudada há muito tempo. Uma pesquisa mais recente, realizada pelo Crossmodal Research Laboratory, da Universidade de Oxford, confirma e aprofunda a noção de que as cores preparam o cérebro para o gosto que virá, como uma espécie de pelotão precursor. O estudo conclui que o sabor doce está mais relacionado à cor vermelha, e um pouco às cores laranja, branca e amarela. O azedo, por sua vez, está ligado ao amarelo e também um pouco ao verde. O salgado é fortemente relacionado ao branco. O amargo estaria, com menor intensidade do que os demais, associado ao verde e ao preto. O fenômeno ocorre transversalmente em diversas culturas. Realizado o mesmo teste em diferentes países — Estados Unidos, China, Índia e Malásia —, não houve grandes variações na média dos resultados. O único destaque foi a diferença na relação entre a cor branca e o sabor salgado, que entre os norte-americanos chega a representar 50% dos sabores, percentual que entre os chineses gira em torno de 20%.

Nessa mesma linha, outras pesquisas mostraram que o fator responsável por levar as pessoas a classificarem um café como saboroso não é apenas o aroma, o gosto ou mesmo a consistência de um produto específico: a cor das xícaras é importante. As brancas fazem parecer que a bebida é mais amarga do que quando servida em xícaras azuis ou transparentes. Quando marrons elas fazem o café parecer mais encorpado. Assim como xícaras nas cores laranja ou creme fazem o chocolate ser percebido como mais saboroso, mais doce e com melhor aroma do que quando servido em recipientes brancos ou vermelhos. Também a popular mousse de morango parece mais doce e mais gostosa no seu comercial quando acompanhada de um prato branco de sobremesa.

Para responder à dúvida se as diferentes formas das xícaras onde se oferecia o café poderiam influenciar a escolha, os cientistas da Universidade de Oxford repetiram o experimento, dessa vez usando o mesmo tipo de recipiente, apenas variando as respectivas cores. Exatamente o mesmo resultado foi obtido, confirmando a relação estreita entre cores e sabores.

Canecas utilizadas nos dois momentos do experimento

Para quem costuma beber uma ou mais taças de vinho no happy hour, um outro estudo trouxe conclusões interessantes acerca de como a cor influencia o consumo da bebida. Ela interage não só com o formato dos recipientes, mas até com a situação em que se dá a experimentação do produto. Cientistas do Food and Brand Lab da Universidade Cornell, nos Estados Unidos, concluíram que a cor do vinho, juntamente com o tamanho da taça e mais o fato de ela estar ou não sobre a mesa, afetava de modo significativo o consumo. Tomar vinho branco em taças menores e dispostas sobre a mesa no momento em que é servido pode reduzir em cerca de 12% o consumo da bebida. Boa dica para quem vai trabalhar no dia seguinte.

Por falar em vinho branco, pesquisadores da Universidade de Bordeaux, na conhecida região francesa, reuniram 54 provadores de vinho profissionais e lhes deram para beber um vinho branco que havia sido transformado quimicamente. Ele adquirira a cor dos tintos, sem ter alterado seu sabor e cheiro. Era o mesmo vinho branco, apenas com a cor de tinto. Pois bem: todos aqueles especialistas, após o provarem, analisaram o produto com a mesma terminologia e segundo as categorias de análise de um vinho tinto. A cor os enganara.

Cinquenta tons de cinza

É certo que segundo os cientistas as cores têm um impacto semelhante à música em nosso cérebro, mas não devemos esquecer que o estímulo visual chega bem antes do estímulo sonoro. O nervo ótico é quarenta vezes mais rápido que o nervo auditivo.

A evolução do conhecimento sobre o significado emocional das cores levou à sua proliferação no mercado. O título da autora E. L. James para sua série de livros campeã de vendas, e que foi transformada em filme, sugere que nos dias atuais nossas vidas são repletas de tons, que variam segundo os diversos ângulos dos relacionamentos. O que é reconhecido hoje para a vida privada das pessoas começou a valer muito antes para as marcas e os respectivos produtos.

A avalanche começou a partir da última década do século passado. A MAC (Make-Up Art Cosmetics), no final dos anos 1990, vendia 140 tonalidades de batom; hoje, esse número passa de 180. Entre as opções de pintura para cabelo, algumas empresas chegam a oferecer mais de 120 diferentes tons. A empresa têxtil japonesa Kanebo apresentou ao mundo em 1996 um portfólio de 3.600 tintas. A Christian Dior, que começara a vender malhas de ginástica com apenas um punhado de alternativas, no início dos anos 1990 já comercializava a categoria em 101 cores. Por trás de muitas das inovações e opções de cores está a cinquentona Pantone Color, que todos os anos oferta novas possibilidades para as indústrias têxteis, gráficas, de tecnologia digital, de design e de moda. No guia de cores mais vendido pela marca em 2015 são mais de 4 mil diferentes.

Um ícone do século XXI que abusa das cores é a Apple. Cores vibrantes combinadas com um marketing arrojado pavimentaram seu caminho para o topo. Inicialmente, iMacs em tons vibrantes romperam o tédio dos antigos computadores em cores neutras e comportadas. Depois, notebooks coloridos, smartphones, tablets. A inovação chegaria em perfeita conexão com os consumidores, consolidando-a como a marca com maior engajamento emocional no disputado universo da tecnologia.

A cerveja Heineken, tradicional marca holandesa, tem na forte identidade visual um gatilho cromático certeiro para o sabor do produto e a experiência de consumi-lo, e nela o verde impera. Como foi apontado antes, ele remete ao amargo, o sabor típico da cerveja, além de ser a segunda cor de preferência dos homens, que predominam largamente entre seus consumidores.

O vermelho vivo da Coca-Cola, desde a origem em Atlanta, nos Estados Unidos, além de lembrar a cor das *berries*, frutas típicas do país, também é capaz de mexer fundo no cérebro da gente. Afinal, é a cor do rubor, do batom, do estímulo erótico, da excitação. Promessa permanente de satisfação.

A cor cria experiências e transmite associações específicas, fazendo-nos reagir a elas intuitivamente, contribuindo para que as mensagens sejam corretamente decifradas pelos *targets*. A relação entre as cores e nossa percepção das propriedades físicas dos objetos se dá sobre três dimensões básicas. A primeira é a luminosidade, que tem a ver com a sua intensidade. A segunda é a saturação, que diz respeito à pureza cromática. E a terceira é o matiz, as nuances da cor que conseguimos enxergar. O ser humano consegue distinguir nada menos que cerca de 10 mil matizes.

Em termos bem sintéticos, quanto mais saturada a cor, maior a impressão de movimento do objeto; quanto mais ela for luminosa, maior a impressão de proximidade do mesmo; matizes de um extremo do espectro de luz — vermelho, laranja, amarelo, cores quentes — denotam mais energia e descontração, enquanto que os do outro extremo — azul, verde e roxo, cores frias — despertam mais calma e introversão.

Na propaganda política o uso das cores costuma ser quase caricatural. As mensagens positivas vêm com forte colorido para despertar o leque de emoções positivas: alegria, entusiasmo, contentamento, orgulho e esperança. As mensagens negativas capricham no uso de preto e branco, ou de cores escuras, para evocar o medo, apontar problemas graves que precisam ser resolvidos, ou ainda acentuar o descontentamento da população.

Na publicidade de mercado, a utilização é a um só tempo mais livre e mais sofisticada. A psicologia das cores vem de algum tempo. Nela, azul em tom escuro relaciona-se ao poder, em tom claro se associa ao frescor e à higiene; vermelho é a cor da aventura, do poder, da excitação; amarelo, a da alegria, da jovialidade e do carinho; verde traz relaxamento e calma; branco é felicidade e pureza; preto é a cor do mistério, da autoridade, da escuridão ou da maldade; marrom sugere conservadorismo; rosa é associado à bondade, ternura, infância e maternidade.

A ela veio se agregar a neurociência das cores. Azul aciona o córtex pré-frontal; vermelho, a amígdala e o núcleo accumbens; preto também provoca a amígdala; verde alcança o córtex pré-frontal; branco, o córtex cerebral esquerdo — pensamento lógico e competência comunicativa; laranja e amarelo vão direto ao sistema de recompensa; marrom ao sistema límbico; rosa, à área tegmentar ventral, responsável pela sensação de recompensa ao saciar a fome, sede ou sexo.

Cores amadas, cores rejeitadas

Desde o nascimento, homens e mulheres se relacionam de diferentes formas com as cores que os rodeiam. Uma pesquisa realizada em 2003 pela equipe do professor J. Hallock com pessoas abaixo de 70 anos de ambos os sexos, de 22 países, mostrou que a cor preferida de ambos os gêneros é a azul. Ela foi escolhida a cor do milênio pela Pantone Color.

Mulheres conseguem lidar com um número maior de cores que seus pares. Vale salientar que a segunda cor na preferência delas, o lilás ou popular roxo, é a segunda mais rejeitada pelos homens. O verde consegue ter o mesmo percentual entre os dois gêneros, ocupando a segunda posição entre os homens e a terceira para as mulheres. Já quando se trata de campeãs em rejeição, laranja e marrom estão no topo. O cinza é desaprovado por parte significativa das mulheres, e o amarelo é o quarto no ranking da rejeição em ambos os sexos.

Cores preferidas e rejeitadas por homens e mulheres				
	Cores preferidas (%)		Cores rejeitadas (%)	
	Mulheres	Homens	Mulheres	Homens
Azul	35	57	0	1
Roxo	23	0	8	22
Verde	14	14	6	2
Vermelho	9	7	0	2
Preto	6	9	0	1
Laranja	5	5	33	22
Amarelo	3	1	13	13
Marrom	3	2	20	27
Branco	1	2	3	5
Cinza	1	3	17	5

Ao examinarmos as cores utilizadas pelas cem marcas mais valiosas do mundo em 2015, identificadas pela BrandZ, vemos que as escolhidas não refletem exatamente a tabela de preferências da pesquisa de psicologia das cores mostrada anteriormente. É verdade que predomina nas monocromáticas o azul, presente em 17% delas, e que este também é usado em 21% das bicolores. Mas a partir daí a ordem das escolhas se altera. O vermelho, quarta cor na preferência de homens e mulheres, alcança a segunda posição entre as marcas monocromáticas, com 9% delas, e entre as bicolores chega à primeira posição, com 25%. E na terceira posição, com 7% das monocromáticas e 21% das bicolores, vem a cor preta, que ocupa na tabela anterior o terceiro lugar na preferência masculina, mas é a quinta colocada entre as mulheres.

Cores: aquarela emocional

Cores predominantes nas cem marcas mais valiosas do mundo em 2015 (%)

Cor	%
AZUL	17
VERMELHO	9
PRETO	7
LARANJA	5
VERDE	3
CINZA	2
ROSA	1

O maior contingente das marcas, 49%, faz uso de duas cores. Na maior parte das vezes a vermelha é uma delas, acompanhada pelo azul ou preto. O grupo formado por aquelas que usam a associação de vermelho e preto ou azul, ou ainda de azul e preto, representa 45% do total das bicolores. É o caso de Mastercard, Pepsi e LinkedIn, entre outras. Por fim, o universo multicolorido, aproximadamente 7%, é a fatia onde se destaca a presença das empresas de tecnologia.

Marcas mais valiosas com duas ou mais cores predominantes (%)

Cores	%
vermelho/preto	10
azul/vermelho	7
vermelho/amarelo	6
azul/branco	5
azul/amarelo	5
azul/verde/amarelo	3
azul/rosa	2

[Continua na página seguinte]

Associação de cores e desejo de compra

Sabemos que o nível de interesse dos consumidores é bastante influenciado pelas cores das embalagens dos produtos que examinam. Mais desafiante é a questão da escolha de que cores associar em uma embalagem. É conhecido até hoje o caso da Heinz, que depois de lançar, em 2001, o ketchup com embalagem verde listrada e ver as vendas empacarem, mudou a embalagem, retornando à transparente, deixando a cor vermelha do produto aparecer. Em sete meses vendeu 10 milhões de unidades.

Um estudo publicado em 2015 pela Universidade de Ciência e Tecnologia de Taiwan procurou identificar o resultado em termos de níveis de atenção das diferentes combinações de cores utilizadas em embalagens comerciais. As cores utilizadas foram divididas em três categorias. A primeira delas com cores complementares — vermelho e verde; a segunda com cores contrastantes — amarelo e vermelho; na última categoria, foram incluídas cores análogas — verde e amarelo esverdeado. Todas elas combinações frequentes nas garrafas PET disponíveis no mercado. Os participantes foram submetidos antes do estudo a testes de acurácia da percepção cromática para excluir eventuais daltônicos.

O resultado mostrou que a combinação de vermelho e verde, cores complementares, foi campeã em gerar o maior nível de atenção. Foi a melhor escolha para gerar atenção instantânea no lobo parietal dos consumidores. No outro extremo, as cores análogas (verde e amarelo esverdeado) provocaram o menor nível de atenção. Restaram em situação intermediária as cores de contraste (amarelo e vermelho).

Porém, para surpresa dos pesquisadores, o que resultou da associação entre as combinações mencionadas e o desejo de compra foi bem diferente. Na hora de despertar o desejo, de induzir ao consumo, vieram em primeiro lugar as cores análogas (verde e amarelo esverdeado), seguidas das combinações de contraste (amarelo e vermelho) e, por fim, em último lugar, aquelas que tinham sido as campeãs de atenção, as cores complementares (vermelho e verde). Atenção, nesse caso, não se correlacionou com desejo de compra, eis a lição.

Referências

BEAIRD, J. *The principles of beautiful web design*. Sebastopol: Sitepoint, 2007.

BEAR, M. et al. *Neurociência: desvendando o sistema nervoso*. Porto Alegre: Artmed, 2008.

DOORN, G.; WUILLEMIN, D.; SPENCE, C. "Does the colour of the mug influence the taste of the coffee?" *Flavour Journal*, 2014, p. 3-20.

DOUG, W.; SMARANDESCU, L.; WANSINK, B. "Half full or empty: cues that lead wine drinkers to unintentionally overpour". *Substance Use & Misuse Journal*, n. 49(3), 2014, p. 295-302.

DAVEY, G. *The encyclopaedic dictionary of psychology*. Londres: Hodde Education, 2005.

HALLOCK, J. *Colour assignment*. 2003. Disponível em: <www.colourassignment.com>.

KANDEL, E.; SCHWARTZ, J.; JESSELL, T. *Princípios de neurociência*. Porto Alegre, AMGH, 2014.

NMSBA. *Do high attention-prone products appeal more to customers?* Venlo: Neuromarketing Year Book, 2015.

RENVOISE, P.; MORIN, C. *Neuromarketing: understanding the "buy button" in your customer's brain*. Nashville: Thomas Nelson, 2007.

SPENCE, C. et al. "On tasty colours and colourful tastes? Assessing, explaining, and utilizing crossmodal correspondences between colours and basic tastes". *Flavour Journal*, 2015, p. 4-23.

WEITER, W. *Introdução à psicologia: temas e variações*. São Paulo: Thomsom Pioneira, 2002.

4
DOPAMINA: O HORMÔNIO VAI ÀS COMPRAS

Toda decisão que tomamos no dia a dia é motivada pela expectativa de recompensas. Desde escolher onde comprar pão francês de manhã até decisões como casamento ou qual carreira seguir. O cérebro é uma máquina de calcular possibilidades de recompensas a todo momento. Escolhemos sempre a que poderá nos dar mais prazer.

Uma outra peça fundamental do processo de decisão é a perda. O cérebro tem enorme aversão a todos os componentes da perda; desde gastar alguns centavos a mais para comprar algo que está mais barato na loja concorrente até não ser contratado por uma grande empresa, passando por ser derrotado na pelada com os amigos na terça-feira à noite. O cérebro evita a todo custo perder. Tente se lembrar de por que decidiu comprar este livro. Você pode ter gostado da capa, adorar neurociência ou ser um estudante de publicidade. Talvez tenha passado por uma livraria e escolhido alguns livros, e entre os quais este. O fato é que para abrir este livro você deixou de abrir dezenas de outros que estavam na mesma prateleira ou no mesmo site na internet. Escolher implica certas perdas, o que é sempre doloroso para o cérebro. Perder ativa o córtex cingulado anterior (CCA), que dispara uma sensação praticamente idêntica à dor física. E então começamos a entender que o processo de decisão está intimamente ligado ao ciclo de prazer do cérebro.

As múltiplas conexões usadas durante o processo de escolha têm como força motriz o ciclo da dopamina, o hormônio do prazer. Não por acaso, o processo de decisão é intrínseco ao prazer. Tudo está relacionado à expectativa — se isso acontecer, então aquilo acontecerá — e, para cada tomada de decisão, o cérebro organiza uma série de expectativas, que pode ter um número infinito de etapas. Quanto mais próximo da expectativa é o resultado final, maior a descarga de dopamina. Lembre-se de que quando este modelo de cérebro começou a ser usado, há 100 mil anos, qualquer decisão era crucial. Escolher — parceiros sexuais, alimentos, caminhos, abrigos... — tinha que ser certeiro. Um erro pequeno poderia significar a morte, o fim de uma família ou de uma comunidade inteira.

Se escolher fosse uma fórmula matemática, qualquer computador poderia fazer escolhas. Mas eles não podem. Muito pelo contrário. Normalmente, os computadores nos irritam quando possuem o poder de decidir. Programas de computador não têm a capacidade de zelo, por exemplo, muito menos a possibilidade de parar e entender um imprevisto. Qualquer uma dessas necessidades pode travar a ação do software mais moderno. Cada vez que vai às compras, o cérebro toma decisões puramente emocionais, buscando se afastar da decepção, que acionará o córtex cingulado anterior, e entrar no ciclo do prazer, despejando o máximo de dopamina possível. As diferentes partes do cérebro não trabalham separadamente, e as redes neurais têm conexões que compartilham áreas do córtex e do sistema límbico. Não esqueça: se houvesse um cabo de guerra entre as partes racional e emotiva do cérebro, esta última venceria. Mais do que isso, a parte emocional do cérebro convenceria a parte racional a jogar do mesmo lado e a tomar uma decisão unânime. Quando vamos às compras, a mente estará o tempo todo buscando uma justificativa lógica para uma ação emocional. Vender é fazer com que o cérebro consumista una essas duas partes.

A transmissão da dopamina

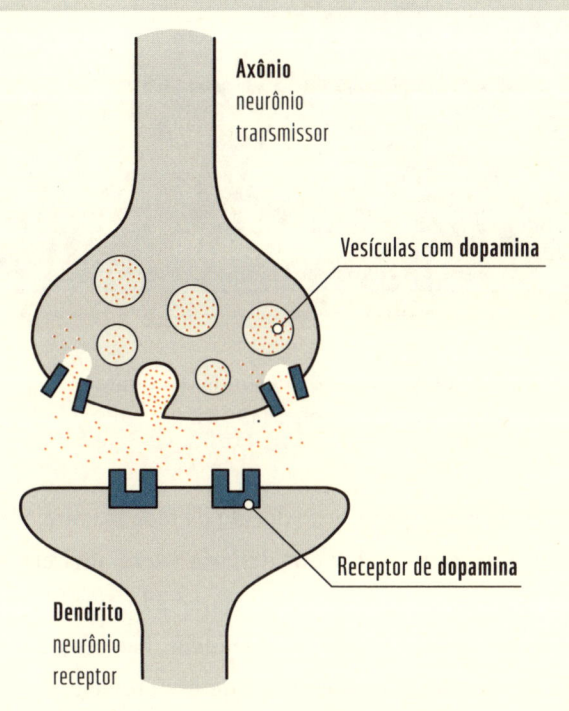

Axônio
neurônio transmissor

Vesículas com **dopamina**

Receptor de **dopamina**

Dendrito
neurônio receptor

O esquema representado simula uma sinapse que utiliza a dopamina. Ela fica armazenada em vesículas no axônio do neurônio pré-sináptico. Quando há o estímulo, as membranas se encaminham para a fenda, que possui fluidos para levar a dopamina até os receptores do dendrito do neurônio pós-sináptico, receptor. O ciclo da dopamina é intermitente, e isto é fundamental na neuropropaganda. O cérebro o tempo todo cria as expectativas de perda e prazer. Mesmo que não haja uma decisão crucial pela frente, estamos a todo momento procurando o que pode nos dar prazer e tentando adivinhar do que é melhor nos afastarmos. Conhecer esta dicotomia é bastante útil para a criação de uma campanha. As promoções são exemplos claros de que o cérebro joga também para não perder. Mais do que despertar o desejo de compra, as pechinchas ativam a sensação de perda: não as aproveitar seria perder uma grande oportunidade, como nos lembra o anúncio a seguir:

Walmart.com: *Blackout*. Mídia digital
Agência DM9DDB

A peça criada para a promoção do site da rede de varejo Walmart usa letreiro luminoso, com o valor dos descontos em amarelo, destacando ainda mais o item. E, além do desconto anunciado, ainda há frete grátis e pontuação especial no programa de fidelidade. Fatores que contribuem para aumentar a sensação de oportunidade imperdível.

A guerra publicitária nas estrelas

As campanhas publicitárias de lançamentos de blockbusters usam muito bem o ciclo da dopamina. Primeiro porque estimulam a curiosidade. Os trailers causam a excitação pelo novo, o cérebro recebe uma dose de dopamina, que estimulará ainda mais o desejo. Com as novas tecnologias, os publicitários divulgam trailers, aos poucos, pelas redes sociais, para delírio homeopático dos fãs. Há também as enormes filas das concorridas pré-estreias, as entrevistas meticulosamente planejadas com as estrelas do filme e que vão ao ar nos maiores meios de comunicação em todo o mundo. Algumas campanhas chegam a divulgar para o público, antes de tudo, um cronograma de pré-estreia. Antes mesmo de o filme estrear já são vendidos produtos e campanhas paralelamente.

Uma das maiores campanhas recentes para o lançamento de um filme foi feita pelos estúdios Disney, em 2015, para *Star Wars: o despertar da Força*, o sétimo episódio de uma das séries de maior sucesso do cinema americano, que começou ainda na década de 1970. É o primeiro filme da franquia produzido pela Walt Disney Pictures depois da compra da Lucasfilm em outubro de 2012 por US$ 4 bilhões. O investimento na produção do filme foi de US$ 200 milhões.

Há muitos anos, o trailer deixou de ser uma sinopse do filme. Atualmente, faz parte da campanha publicitária. Trailers são comerciais, que trazem apenas metaforicamente a sinopse e são como uma pílula de conexão direta com o consumidor. É propaganda feita com a matéria-prima do produto. Portanto, a divulgação de uma série de trailers na internet e no horário nobre da TV americana é a arma quase óbvia para estimular o ciclo da dopamina. Mas a campanha de divulgação de *Star Wars* levou isso um pouco mais além. Foi divulgado que personagens antigos, como os lendários Luke e Leia Skywalker, Han Solo e Chewbacca, estariam no novo filme, mas os primeiros trailers não os mostraram, tampouco deram pistas detalhadas sobre o enredo. Estimular a curiosidade é acionar a expectativa de recompensa. E os pequenos trailers misturam cenas de ação com outras de grande peso emocional, com uma trilha sonora que deixa tudo ainda mais dramático. A carga afetiva também aumenta a expectativa. Os comerciais, ou melhor, os trailers, conseguiram com sucesso despejar cargas de dopamina nos cérebros dos fãs, que ficaram ainda mais ávidos para ver o filme.

Deve-se lembrar que, nesse caso, embora o filme seja o principal produto a ser vendido pela campanha publicitária, há centenas de outros — que rendem milhões de dólares — no entorno de uma grande sequência cinematográfica. E a publicidade deve acompanhar isso. *Star Wars* tem tantos fãs espalhados por todo o mundo que a ansiedade criada pelo lançamento pôde ser dividida na divulgação associada a outras grandes empresas. O Google criou um aplicativo que permite personalizar o navegador e outros aplicativos da empresa com temas da saga. A gigante do varejo Walmart desenvolveu uma linha exclusiva de produtos e comerciais de TV onde pais e avôs dão conselhos a crianças usando jargões criados no filme. O slogan da campanha é: "Uma nova geração de fãs está despertando." Até um dos maiores museus do mundo fez publicidade junto ao conceito *Star Wars*. Na época do lançamento, o Museu do Louvre, em Paris, abriu uma exposição sobre mitologia que incluía personagens da série.

Walmart: *A new generation awakens.* 60'"*
Agência Martin

Ao mesmo tempo que as grandes campanhas de blockbusters alimentam o ciclo do prazer do consumidor, há também o outro lado. As campanhas também estimulam a aversão dos consumidores a terem o ciclo da dopamina interrompido. Não pense que isso é sadismo, mas o consumidor fica mais engajado quando sente que pode ficar alijado de um objeto de desejo público, como participar de uma estreia internacional de um filme como *Star Wars: o despertar da Força*.

Observe como são as campanhas das grandes redes de cinema. Enquanto as equipes de marketing criam atrativos materiais de divulgação — como copos, bonecos, camisas, lanches especiais —, a propaganda alerta para a exclusividade das pré-estreias, das primeiras sessões, das exibições exclusivas com atores e outros profissionais que participaram das filmagens.

---

* Disponível em: <https://www.youtube.com/watch?v=kbF83PhAZCY>.

Em suma, uma variedade enorme de exibições exclusivas e limitadas. Muitas pessoas que não são fãs passam a sentir vontade de participar de uma dessas sessões. Por fim, o frenesi em busca dos ingressos das primeiras sessões é também um aliado da campanha, estimulando o ciclo da dopamina. Passada a correria dos primeiros dias após a estreia, ainda sobrará uma longa caminhada de exibições que atrairão milhões de consumidores. Um forte desejo despertado desde o início da campanha de lançamento.

As loterias e o prazer de sonhar com o prazer

Três regiões do cérebro são muito ativadas no ciclo da dopamina: o núcleo accumbens, o córtex orbitofrontal (COF) e a amígdala. O neurocientista Hans Breiter comprovou que estas áreas são igualmente estimuladas quando somos premiados em um jogo e quando apenas sonhamos com o prêmio. E mais, quanto maior o valor da recompensa em dinheiro oferecido, ou em disputa, maior será a ativação. Ou seja, sonhar com um prêmio milionário da loteria é como ganhá-lo. Para o cérebro, é claro, pois para a conta bancária é bem diferente. Da mesma forma, financeiramente, pense em qual é a diferença entre perder na Mega-Sena não acertando um número sequer ou acertando três. Nenhuma. Mas acertar três números já é o suficiente para descarregar dopamina. Essa situação de "quase ganho" é estimulada pelo cérebro, sendo considerada, quase sempre equivocadamente, como um indício de chance de ganho no futuro. Não é à toa que há pequenos prêmios para a quadra e a quina — eles multiplicam a sensação de prazer e a esperança para continuar apostando.

Algumas campanhas publicitárias conseguiram usar o funcionamento cerebral para aumentar apostas em loterias. Em 2000, para divulgar a loteria australiana acumulada em US$ 12 milhões, foram criados cenários que ofereciam pequenos luxos para pessoas que aguardavam em pontos de ônibus — o banco duro substituído por sofá confortável, garçons servindo guloseimas, orquestra tocando um som ambiente e até engraxates. A campanha, que foi premiada no Clio Awards do mesmo ano, se utilizou de um fetiche comum para qualquer apostador: imaginar como é ficar rico. Imaginar que ganhou na loteria traz tanto prazer que estimula a fazer a aposta.

Núcleo accumbens, córtex orbitofrontal e amígdala

❶ Striatum
❷ Putâmen
❸ Córtex pré-frontal
❹ Córtex cingulado
❺ Córtex orbitofrontal
❻ Hipotálamo
❼ Amígdala
❽ Hipocampo
❾ Área tegmental ventral (ATV)
❿ Córtex (ínsula)
⓫ Núcleo accumbens
⓬ Núcleo caudado

Outra campanha de sucesso foi feita para a Loteria de Natal da Espanha em 2015. É uma animação sobre um vigia noturno que trabalha sozinho enquanto imagina a vida animada dos colegas de uma fábrica no turno da manhã. Solidário, ele prepara pequenos agrados e surpresas para os colegas que mal conhece. Todos ficam encantados quando são surpreendidos, mas nunca retribuem o carinho. Até que um dia, todos da fábrica participam de um bolão de loteria e... ganham. O problema é que o vigia, por distração ou azar, não viu que os colegas fizeram

Dopamina: o hormônio vai às compras

uma lista para o bolão no mural da firma. A decepção dura poucos segundos, o vigia chega ao trabalho e todos preparam uma festa para dividir o prêmio com ele.

Loteria da Austrália: *Mordomia no ponto de ônibus.*
Agência BBDO

Loteria da Espanha: *Justino.* 3'38'''*
Agência Leo Burnett

Mais uma vez, o comercial se utiliza do ideário comum nas apostas e do ciclo de prazer e recompensa: sempre há esperança de ganhar o grande prêmio.

O segredo da vitória é a emoção

Não são as campanhas pela internet, os jogos interativos, tampouco fotos no Instagram que mantêm as vendas da Victoria's Secret lá no alto. Em vinte anos, sua campanha promocional mudou muito pouco: um

---

* Disponível em: <https://www.youtube.com/watch?v=QrG4xikTsPw>.

desfile com as modelos mais famosas do mundo, chamadas de *angels*. O fato é que a empresa tem um aumento de vendas de cerca de 8% ao ano e vende mais de US$ 6 bilhões no mundo inteiro. São números incríveis se consideramos que este é um mercado de grande competitividade. Há milhões de locais para comprar lingerie no planeta. Mas os competidores não inventaram ainda uma campanha que tenha mais ingredientes emotivos que a Victoria's Secret.

O desfile das *angels* não é uma demonstração do catálogo de vendas. Quase nada ali estará à venda. Os organizadores escolhem um tema — "Circo", "Garotas do Calendário", "Tela Prateada" — e investem todo o glamour na produção do evento e nos corpos esculturais das *top models*. A estratégia da Victoria's Secret é estimular o desejo enchendo a mente do consumidor com ideias luxuosas.

Não há como garantir o que o consumidor escolherá. Mas a empresa há um bom tempo usa a estratégia das grandes lojas de varejo — expor o luxo — para vender para o público médio. Este é um tiro quase sempre certeiro. No desfile das *angels*, um sutiã chega a ser avaliado em US$ 2,5 milhões, alguns são cravejados com diamantes, outros têm detalhes em ouro. Nas lojas, o preço médio de uma peça não passa de US$ 50. É como a estratégia das lojas de departamento de colocar os produtos mais caros na entrada e nos corredores de maior circulação. Sentir desejo dispara o ciclo dopaminérgico e deixa o cérebro ávido por fazer escolhas que gerem prazer. A aposta é que, com mais dopamina circulando entre os neurônios, os consumidores estejam mais preparados para comprar. O desejo ativado pelo luxo, ou pela beleza das modelos, pode gerar a venda de centenas de milhares de produtos com preço médio relativamente baixo.

Depois de sete anos sem aparecer no intervalo do Super Bowl, em 2015 a empresa resolveu homenagear a partida como estratégia para a campanha do Dia dos Namorados.

A ação começou com um teaser inusitado, veiculado na internet. Nele, as *angels* estavam vestidas como jogadoras e disputavam uma partida de futebol americano. No final, surge a frase "Não deixe a bola cair". Uma inspiração para os homens que tiveram a libido ativada e para as mulheres que gostariam de se sentir como *angels* ao usar os produtos da marca.

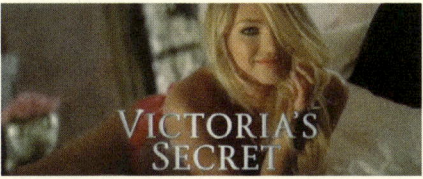

Victoria's Secret: *Official Super Bowl. 30"**
Agência House

Referências

BREITER, H.; KAHNEMAN, D.; DALE, A.; SHIZGAL, P. "Functional imaging of neural responses to expectancy and experience of monetary gains and losses". *Neuron*, n. 30, 2001 p. 619-39.

DAMÁSIO, A. *O erro de Descartes: emoção, razão e o cérebro humano*. São Paulo: Companhia das Letras, 1996.

KASSINOVE, J.; SCHARE, M. "Effects of the 'near miss' and the 'big win' on persistence at slot machine gambling". *Psycology of Addictive Behaviors*, n. 15, 2001, p. 155-58.

LARRAÑAGA, P.; BIELZA, C.; DE FELIPE, J. "Alan Turing y la neurociência: de cómo Turing descifró los mensajes de guerra de la Alemania nazi y cómo nuestro cerebro interpreta el mundo". *Mente y Cerebro*, n. 57, 2012.

LEHRER, J. *O momento decisivo: o funcionamento da mente humana no instante da escolha*. Rio de Janeiro: Best Business, 2010.

LINDEN, D. *A origem do prazer*. Rio de Janeiro: Elsevier, 2001.

MELLERS, B. et al. "Decisions affect theory: emotional reactions to the outcomes of risk option". *Psychological Science*, n. 6, 1997, p. 423-29.

MONTAGUE, P. "Neuroeconomics: a view from neuroscience". *Functional Neurology*, v. 22, n. 4, 2007, p. 219-34.

---

* Disponível em: <https://www.youtube.com/watch?v=CG23w6jBt44>.

5
EMOÇÕES EM PRIMEIRO LUGAR

Quem ainda tem dúvidas quanto ao comando do inconsciente sobre as decisões no mercado financeiro, mesmo aquelas que parecem mais tipicamente racionais, basta assistir à coreografia neurótica dos corretores de ações uma em bolsa de valores. Será impossível não ver sua crença na racionalidade do comportamento dos atores, no cenário mais sofisticado do nosso sistema econômico, recuar muitas casas.

A observação dos resultados, durante um período de 15 anos, da mais famosa dessas bolsas, a de Nova York, expôs o quanto o humor dos participantes traz da rua motivações inconscientes. O enfoque utilizado não deixou margem à discussão. Nada foi perguntado a eles. Apenas observaram-se os pregões em todo esse tempo, divididos em duas categorias de dias segundo o clima. Isso mesmo, o clima. Na soma dos dias ensolarados, com a natureza turbinando os hormônios, as ações registraram uma alta de 24,8%, ao passo que no conjunto dos dias nebulosos, de sol escondido e corretores de farol baixo, o desempenho positivo das ações não foi além de 8,7%.

As emoções eram o patinho feio da psicologia e da neurociência praticamente até os anos 1980, sendo tratadas como uma espécie de incômodo que margeava e às vezes perturbava o foco "científico" no comportamento. Foi assim com o behaviorismo, com sua abordagem externalista que dominou a área até meados do século XX e continuou, depois, com a psicologia cognitiva, que durante muito tempo repousou na hipótese da racionalidade como uma regente sofisticada da intrincada rede de fatores internos, ditando nossas atitudes e nossos comportamentos.

Quando a psicologia se articulou de forma mais estreita com os avanços da neurologia, o velho arcabouço conceitual começou a mudar. E o lugar das emoções no processo decisório ganhou destaque. Reconheceu-se que as emoções são primárias em ontogenia, ou seja, levando-se em conta o desenvolvimento fisiológico da espécie, e também em filogenia, considerando-se o nosso calendário evolutivo.

Não que antes ninguém tivesse suspeitado disso. Pensadores como David Hume no século XVIII haviam apontado para o seu papel predecessor, mas foram vozes minoritárias que nunca conseguiram substituir a imagem platônica das nossas emoções como algo problemático, "cavalos selvagens" a serem domados pelas rédeas da razão.

Pouco tempo depois, essa nova abordagem desembarcaria na publicidade, onde há muito se fazia esperar. O antigo modelo, AIDA, sequenciava como etapas "Atenção-Interesse-Desejo-Ação", supondo que toda reação ao processo publicitário começa pela captura da atenção seguida pela assimilação das informações e sua compreensão, que leva ao desejo, seguido da ação de aquisição. O AIDA só veio a ser aposentado como paradigma compreensivo do comportamento dos consumidores no final dos anos 1990, sendo substituído pela tríade "sentir-pensar-agir" ou mesmo, invertidas as posições do dueto final, "sentir-agir-pensar", formulação que descreve muito bem as chamadas "compras por impulso". E o engajamento emocional dos consumidores passou a ser o grande objetivo das marcas. Afinal, agora sabemos que quando compramos algo trocamos dinheiro por sentimentos.

A antiga concepção de marketing persuasivo, na qual cabia identificar um potente argumento lógico capaz de convencer o consumidor a criar ou mudar sua preferência, deu lugar a um modelo intuitivo, onde o papel do marketing é o de estabelecer ou aumentar a familiaridade com a marca através de associações emocionais positivas. O suposto efeito da propaganda é bem diferente nos dois casos. Antes, visava a obter o máximo de atenção consciente para a sua mensagem, o que daria lugar a um elevado recall que, por sua vez recuperado, agiria como uma espécie de condutor consciente da compra no ponto de venda. Agora, sabe-se que o que determina a escolha não é simplesmente o recall, mas a associação emocional positiva com a marca do produto, evocada a maior parte das vezes inconscientemente no momento da compra. A tarefa da publicidade é influenciar as vendas solidificando pela repetição o vínculo emocional positivo dos consumidores com as marcas e seus produtos.

No processo decisório do consumidor, alguns elementos adquirem especial importância, sobretudo nas escolhas mais triviais do dia a dia, que independem de muito planejamento. São os "marcadores somáticos", os quais produzem uma resposta instantânea inconsciente no cérebro e no corpo que avalia os estímulos já conhecidos como "bons" ou "maus" tão logo nos deparamos com eles. Ou seja, a escolha é orientada pela memória emocional, aumentando a rapidez e a eficiência da decisão. Mobilizar esse tipo de "viés" a seu favor é obrigatório para a propaganda.

O avanço da neurociência, trazendo um conhecimento novo, vinha a calhar em um cenário de exaustão do velho paradigma. Os publicitários não aguentavam mais ler os relatórios de pesquisa que, subordinados a ele, se mostravam inconvincentes. Agora descobriam que há estruturas neurais diferentes para as emoções e para a cognição, e que o cérebro emocional processa os estímulos sensoriais em apenas um quinto do tempo que o cérebro cognitivo consciente leva para processar o mesmo estímulo. E que os sinais que partem do cérebro emocional para o cérebro racional superam os que trafegam em direção contrária numa proporção de dez para um. Em suma, embora afeto e razão sejam complementares, as emoções antecedem os pensamentos. Estava pronto o contexto para o surgimento do novo paradigma.

Mas não é suficiente apenas falar em engajamento emocional. Embora a maior parte dos publicitários desde então tenha conferido a essa dimensão um status superior ao do passado, não poucos continuaram na prática a tratá-la como tributária da cognição consciente. Para perceber isso, basta examinarmos no cotidiano das agências de publicidade alguns briefings redigidos pelo Atendimento, avaliarmos as métricas preferidas de acompanhamento do impacto das campanhas, ou verificarmos as estratégias traçadas pelo Planejamento para os clientes. Muitas vezes o consumidor representado nesse trabalho ainda é aquele que busca informações que terminam, racionalmente, através de algum tipo de cálculo custo-benefício, determinando suas preferências. Preferências que somente poderão ser reforçadas ou alteradas por argumentos lógicos, persuasivos, conscientemente recuperados na hora da compra. Em suma, um consumidor ideal que hoje sabemos inexistente.

Para quem queira levar as emoções a sério na hora de desenhar as estratégias de comunicação das marcas com que trabalha, será importante aprofundar um pouco o conhecimento a respeito delas. Não basta apenas pensar se a mensagem desperta ou provoca um estado emocional. É importante conhecer qual, ou quais emoções foram acionadas, como elas se relacionam aos propósitos da marca e se são capazes de mobilizar o consumidor. Não por acaso as palavras emoção, motivação e movimento têm a mesma raiz no latim. Conhecê-las é ainda mais importante hoje, quando nas redes sociais os clientes reais ou potenciais também são cocriadores delas.

A via láctea afetiva

Em decorrência de estímulos competentes e das imagens mentais correspondentes, elas surgem no cérebro em diversas regiões segundo a sua natureza: córtex orbitofrontal, amígdala, hipocampo, hipotálamo, gânglio basal, tronco encefálico, entre outros. Emoções são conjuntos complexos de reações envolvendo componentes neurais e químicos, e existem para ajudar a vida dos organismos nas muitas espécies em que atuam. É quase impossível saber ao certo o número delas. Quando Simon Baron-Cohen elaborou uma listagem a partir de uma coleção de dicionários chegou a milhares de termos relacionados. Um lexicógrafo foi removendo os sinônimos e terminou com um número bem menor de conceitos específicos: ainda assim, 412. Uma pequena via láctea afetiva.

Sistema límbico

① Área tegmental ventral
② Núcleo interpeduncular
③ Hipocampo
④ Corpo mamilar
⑤ Amígdala
⑥ Glândula pituitária
⑦ Núcleos pré e supraóptico
⑧ Bulbo olfatório
⑨ Hipotálamo
⑩ Córtex cingulado
⑪ Hipocampo área septal
⑫ Fórnix
⑬ Corpo caloso
⑭ Estria terminal
⑮ Tálamo
⑯ Núcleo rubro
⑰ Grísea periaquedutal

António Damásio, neurocientista português há muito radicado nos Estados Unidos, é autor de uma das mais utilizadas classificações. Dividiu-as em três categorias: emoções primárias, emoções sociais e emoções de fundo. E chamou atenção para o fato de que entre elas encontramos um padrão duplo de reações — aquelas que são inatas e as que demandam aprendizado —, o que realiza uma espécie de encontro dos testamentos intelectuais de Darwin e de Freud. Natureza e cultura de mãos dadas. Damásio cunhou uma frase que sintetiza com perfeição a evolução recente do conhecimento sobre nossos processos mentais: "Nós não somos máquinas racionais que sentem, nós somos máquinas de sentimentos que pensam." Sentimos com bem mais frequência do que pensamos, pode-se acrescentar.

As emoções primárias são as mais fáceis de identificar: alegria, tristeza, medo, raiva, surpresa e repugnância. Concentram a grande maioria do nosso repertório de conceitos associados ao tema. Não só porque foram as mais estudadas, mas principalmente porque podem ser reconhecidas com certa facilidade nas mais diferentes sociedades, sem esquecer que, como Charles Darwin pioneiramente observou, a identificação das mesmas vai além da nossa espécie, alcançando muitas outras paragens do reino animal.

Retratos de animais expressando emoções no livro de Darwin

A atualidade dessa observação reside no fato de que guardamos com os outros mamíferos grande semelhança na distribuição anatômica dos sistemas neuroquímicos. Ou seja, não possuímos nenhum neurotransmissor, os populares hormônios, qualitativamente diferente deles. Na raiz desse fato, provavelmente está um ancestral comum, por volta de 66 milhões de anos atrás, o protungulatum, do qual descendem mais de 5.400 espécies entre golfinhos, baleias, cães, gatos, ratos e nós. Esse animal, até por sua aparência, torna completamente ociosa a questão filosófica "você é um homem ou um rato?". Formulada no pretérito, a resposta correta seria: "Ambos."

Protungulatum

As emoções secundárias, associadas à interação social, são mais recentes na trajetória evolucionária. Por isso, algumas delas podem ser exclusivas da nossa espécie, da mesma forma que as primárias não se restringem aos seres humanos. Seu animal de estimação, seja ele um cão ou um gato, quando comparado a elefantes e golfinhos, ilustra bem o quanto é diversificado o naipe das espécies que as compartilham. No nosso caso, a lista de emoções dessa categoria é razoável: aparecem nela a compaixão, o embaraço, a vergonha, a culpa, o ciúme, a inveja, a gratidão, a admiração, a indignação e o desprezo.

As emoções de fundo não são tão fáceis de identificar como as anteriores. Quem observa precisa estar atento para detectar as manifestações do corpo que envolvem alguma sutileza. O leque é composto por fadiga, energia, bem-estar, mal-estar, tensão, descontração, entusiasmo e desânimo. Além das expressões faciais, outras manifestações sutis do organismo, incluindo a voz, precisam ser examinadas, uma vez que resultam da deflagração simultânea de diferentes processos e interagem de forma ainda não muito clara com o temperamento e até com o nosso estado de saúde.

Se conhecer a especificação das referências emocionais é importante para quem pretende elaborar estratégias com base nelas, faz sentido também conhecer as resultantes de sua combinação, o que ocorre com muita frequência. Um mesmo estímulo pode ter ambiguidade suficiente para ativar distintas regiões cerebrais, induzindo a estados emocionais compostos.

Além disso, os estados emocionais são dinâmicos. O medo pode se transformar em raiva e também pode redundar em alívio uma vez presente outra alavanca emocional. E as mensagens publicitárias não raro demandam uma mescla, estimulando a transição de uma emoção para outra.

O modelo de Robert Plutchik nos ajuda a pensar nessa direção. O psicólogo também reconheceu a existência de um pequeno número de emoções básicas que devem ser vistas como oposições polares. Elas existem em graus variados de intensidade e em diferentes níveis de ativação: a alegria, oposta à tristeza; a confiança, oposta à repugnância; o medo, oposto à raiva; e a surpresa, oposta à antecipação. Desenvolveram-se nas diferentes espécies a fim de ajudar os organismos a sobreviver diante dos desafios do meio ambiente.

Nessa linha, todas as outras emoções são derivadas ou associadas a elas, de alguma forma. Observe na leitura da imagem a seguir que as cores são apenas ilustrativas, não estando diretamente relacionadas com o conteúdo descrito.

Roda de emoções de Plutchik

Confiança combinada a alegria é fundamental nas mensagens de amor. Mas confiança associada a medo dá lugar à submissão. Antecipação ou expectativa acompanhada de alegria é o caminho para você produzir otimismo no público, mas expectativa associada a raiva gera agressividade.

Conhecer o mapa emocional associado pelos consumidores à marca para a qual você trabalha, incluindo os marcadores emocionais que poderão facilitar o seu trabalho, é o passo número um. Também é obrigatório fazer o mesmo na perspectiva dos concorrentes e da categoria onde se enfrentam, a fim de obter um quadro de referência emocional completo. A tarefa da neuropropaganda é promover o posicionamento emocional da marca e seus produtos na mente dos consumidores, aumentando ou criando associações emocionais positivas e removendo ou enfraquecendo os laços negativos eventualmente existentes.

Emoções e sentimentos

Você deve ter percebido que na maior parte da literatura que aborda nossa dimensão afetiva, mesmo entre psicólogos e neurocientistas, as expressões "emoções" e "sentimentos" muitas vezes são utilizadas quase como sinônimos. Mas não é bem assim. E é importante para a publicidade discernir cada uma delas. Vejamos apenas um rápido exemplo ilustrativo. Uma mensagem via WhatsApp anunciando um produto imobiliário espetacular bem próximo ao colégio dos sonhos para o seu filho vai lhe causar, instantaneamente, surpresa; e a seguir, entusiasmo. Quanto tempo essas emoções vão permanecer em você? Uma semana, duas...? Você não irá comprar esse apartamento se não consolidar um sentimento em relação a ele. Apartamentos custam caro. A não ser que você seja um caso perdido de consumidor movido por impulso o tempo todo.

Na verdade, as emoções — como respostas comportamentais automáticas, em geral inconscientes — precedem e servem de base para os sentimentos. E é importante distinguir essas etapas e as respectivas bases biológicas. Os sentimentos são uma espécie de consciência subjetiva das nossas emoções, que servem de alerta mental para circunstâncias que podem ser positivas ou negativas. Ou seja, eles surgem no momento em que os sistemas especializados das emoções são representados no sistema que origina a consciência. Felicidade e frustração são exemplos de sentimentos. Um ocorre da leitura mais ou menos consciente do estado de bem-estar, o outro da decepção e tristeza. E essa leitura pode ser alterada por novas percepções, independentemente dos objetos ou das situações que desencadearam o estímulo.

Emoções são o resultado de toda a história evolutiva da nossa espécie com seus ajustes minuciosos que melhoraram as condições de sobrevivência. São mecanismos de regulação homeostática da vida. Quando percebidas conscientemente e uma vez minimamente consolidadas, vão gerar os sentimentos. Estes se originam, assim, da combinação de um componente cognitivo, assentado no córtex, e de elementos autônomos como a amígdala, o hipotálamo e o tronco cerebral. Do ponto de vista da publicidade, como do marketing em geral, os sentimentos têm o poder de relacionar as emoções que os originaram aos objetos que as produziram. Associar, por exemplo, a surpresa ativada reiteradamente à criatividade das inovações periódicas da Apple. É isso que significa o "sentimento da marca".

Para lembrar o peso da base biológica dos sentimentos, é bom você saber que há pessoas que independentemente de sua fluência verbal ou nível cultural têm dificuldade de identificar e expressar seus sentimentos. Não conseguem descrever as emoções que experimentam, muito menos identificar os sentimentos dos outros. E nesse caso não se trata de um problema psicológico. São vítimas de alexitimia e apresentam uma baixa atividade da ínsula, uma pequena região situada entre os lobos frontal e parietal, incumbida de fazer um mapa permanente do funcionamento de todas as vísceras do corpo — coração, cólon, fígado, órgãos sexuais, rins, estômago, pulmões. É uma autêntica estação de monitoramento. Uma espécie de casa de máquinas que controla tudo que se encontra abaixo do pescoço e dentro do nosso corpo. Mapeando ininterruptamente e mandando de volta sinais. Mandando o coração bater mais célere e os pulmões inspirarem mais rapidamente se você levar um susto.

Sentimentos supõem um pouco de memória consciente e muito de memória inconsciente. Para existirem, eles mobilizam o que chamamos, um tanto simplificadamente, de nossos "três cérebros": o reptiliano, que controla as funções metabólicas básicas do organismo, como batimento cardíaco e a respiração; o sistema límbico, que o sucedeu em nós e em todos os mamíferos, também chamado de cérebro paleomamífero, onde se destacam a amígdala, o hipocampo e o hipotálamo; e, por fim, acima de todos, o nosso "comitê de planejamento e gestão", o neocórtex, com seus dois hemisférios, proporcionalmente maior em nossa espécie do que em qualquer outra onde se faz presente.

Arquitetura emocional das marcas

A neuropropaganda aconselha você a abandonar o velho caminho cuja origem se perdeu no tempo e que dava às emoções a função instrumental de atrair atenção para a mensagem. Elas eram tratadas como mera embalagem das "informações". Estas, sim, racionais, cognitivas, poderosas. Esse tempo acabou. As emoções são substantivas. Elas são os ingredientes primários mais relevantes das marcas, as quais, ao se relacionarem com os consumidores, são remuneradas pelos sentimentos que puderam e souberam construir com eles. Do engajamento emocional inicial até a fidelidade, tudo é baseado nos sentimentos. Como "ficar", que vira namorar e depois casar.

Cabe ao publicitário identificar a arquitetura e a engenharia emocionais da marca. E agir sobre elas. Que sentimento ou sentimentos estão associados à mesma? Existe uma hierarquia entre eles? Queremos alterar esse quadro de referências? E quanto ao mercado, cujos traços demográficos provavelmente o departamento de marketing acompanha e conhece de cor há muitos anos, quais os perfis emocionais dos consumidores e como eles se caracterizam segundo cada estilo? É importante conhecê-los nessa chave. Saber seu grau de resiliência, por exemplo

— a capacidade de vencer sentimentos adversos como a perda ou a mágoa. Pessoas mais resilientes têm uma propensão para ativação do lobo pré-frontal esquerdo até trinta vezes maior do que as pouco resilientes. E o que isso tem a ver com as emoções? Essa região cerebral é capaz de inibir a amígdala, encurtando seu período de ativação, o que possibilita uma recuperação mais rápida das adversidades. Isso origina um consumidor com predisposição a ponderar mais as emoções. Os estudos de neuroimagem revelaram que esses indivíduos também têm uma maior quantidade de axônios conectando o córtex pré-frontal à amígdala. Se esses são consumidores com mais predisposição a ponderar os estímulos emocionais, é lógico que importa às marcas conhecer a fatia do seu mercado portadora desse estilo. E a comunicação deve estar atenta para o fato de que no "blend" específico dos seus sentimentos a consciência tem um peso um pouco maior.

Essa arquitetura e engenharia — definindo substância, forma, volume e tendência evolutiva emocional — exige o uso da neuropropaganda, do neuromarketing e de neurométricos, além de alguns instrumentos devidamente atualizados das técnicas tradicionais. As ferramentas de investigação e as referências científicas são, nesse caso, fundamentais. De pouco adianta tentar ir em busca do objetivo correto, a conexão emocional, com teorias inadequadas, a exemplo do que fizeram Scott Magids, Alan Zorfas e Daniel Leeman, que organizaram um estudo sobre motivadores emocionais dos consumidores "pesquisando trabalhos de antropologia e ciências sociais". Isto os levou, por exemplo, à descoberta de que se sentir seguro é um motivador emocional de alto impacto. Grande novidade, não? Nada que sua amígdala não soubesse.

Emoções negativas também vendem

Dilma Rousseff ganhou a eleição presidencial de 2014 num segundo turno apertadíssimo (51,64% × 48,36%), apesar de 72% dos eleitores brasileiros desejarem mudança. Incrível. Como aconteceu? Você acertará em cheio se deixar de lado as centenas de explicações e considerar apenas uma: a utilização maciça por sua campanha de comerciais negativos (86% deles) no auge do segundo turno contra uma campanha que, embora de oposição, era menos crítica, com apenas 44% de comerciais negativos.

Dilma ganhou porque alavancou o medo das pessoas em relação ao seu opositor, menos conhecido. Depois veio amargar enorme desaprovação e deixou grande parte dos seus eleitores irritados. Entre os quase 52% que votaram nela, muitos ficaram decepcionados e outros tantos arrependidos. Saber o tamanho de cada um desses grupos em situações semelhantes no mercado é importante? Parece que sim. Luis F. Martinez e Marcel Zeelenberg, das universidades Nova de Lisboa, em Portugal, e Tilburg, na Holanda, descobriram, estudando um grupo de clientes insatisfeitos com um provedor de internet, que no grupo dos que estavam decepcionados, as pessoas reclamavam bastante, inclusive nas redes sociais, o que era ruim para a reputação da marca, mas não mudavam de operadora. Ali havia uma segunda chance. Porém, no grupo dos "arrependidos", eles simplesmente trocaram de provedor. Bye, bye, marca.

Não é apenas nas batalhas eleitorais. Mobilizar emoções para a propaganda dos anunciantes não significa apelar apenas à positividade. Emoções negativas são alavancas poderosas. Tristeza, nostalgia e, sobretudo, o medo há muito são utilizados por várias marcas em campanhas que criam associações benéficas para as mesmas, à medida que se posicionam para "ajudar" os consumidores a evitar experiências negativas. Apresentar o estímulo emocional negativo e contribuir a seguir para "resolvê-lo" geram um forte relacionamento positivo entre a marca e o consumidor.

Os antissépticos bucais são a solução para evitar a rejeição social pela terrível halitose. Por sua vez, a indústria bilionária de cosméticos outra coisa não faz senão alimentar a promessa de manter bem longe o envelhecimento assustador e inevitável. Enquanto os probióticos nos protegem do sofrimento da constipação. E por aí vai. Boa parte do tempo e da energia que gastamos diz respeito mais a evitar a dor, ou a escaparmos de problemas, do que a aumentar nosso bem-estar.

Lógico que o uso das emoções negativas tem que ser "verdadeiro". Não é qualquer marca que pode lançar mão delas. Bom exemplo é o filme a seguir, do Colgate Plax Ice Infinity, ambientado numa festa. Começa com um homem e uma mulher paquerando. Em seguida, ele sopra na própria mão para sentir o hálito. Então, aparece outro homem descendo de um coqueiro que lhe entrega uma embalagem do produto. Ele usa e vai, confiante, se aproximar da moça.

Colgate: *Colgate Plax Ice Infinity*. 30'''*
Agência Red Fuse

O uso da nostalgia é algo que vai bem com marcas de produtos provenientes do campo, sobretudo no Brasil, país que se urbanizou muito rapidamente e cujo inconsciente coletivo já traz embutida certa nostalgia rural. Laticínios e sucos de fruta usam e abusam dela. O uso do medo é quase um ingrediente obrigatório, tácito ou explícito, da publicidade de companhias de seguro ou empresas de guarda de valor. Afinal, o verdadeiro produto delas é o sentimento de segurança. Mas imagine você um comercial da Coca-Cola utilizando o medo. Seria algo tão absurdo quanto um comercial do Hospital Sírio-Libanês recorrendo a doses generosas de humor.

---

* Disponível em: <https://www.youtube.com/watch?v=Vy_Drd31DYE>.

A marca Quiznos, uma cadeia norte-americana de sanduíches com lojas na Inglaterra, errou feio no uso do humor. Veiculou um anúncio cômico com a imagem caricata de dois ratos.* A propaganda despertou risos e obteve um bom *recall*, mas não resultou em sucesso de vendas. Afinal, associar comida a ratos é incumbir o nojo de servir de escada para o prazer. É quase impossível dar certo.

No filme, aparecem dois ratos sobrepostos à imagem de uma das lojas da rede. Enquanto um toca violão ao fundo, o outro canta, com voz desafinada, do que gosta nos sanduíches. Depois, com locução em off, são apresentados diferentes sabores dos lanches. Por fim, aparece a marca do anunciante e os dois ratos ao lado.

Há ainda alguns cuidados adicionais a serem observados quanto ao *target* das mensagens. Se no cérebro dos jovens a amígdala, a poderosa plataforma de emoções primárias, pode ser ativada pelo bem ou pelo mal, nos mais velhos ela é muito mais suscetível a estímulos positivos. Afinal, são cérebros maduros que ao longo do tempo aprenderam a ponderar a negatividade das coisas, só temendo o que os atinge diretamente. Já atravessaram boas e más circunstâncias e nessa fase da vida estão mais ocupados em selecionar e valorizar as experiências positivas. Do mesmo modo, eles não gostam de ser sobrecarregados com informações minuciosas, números e detalhes, que costumam deletar antes mesmo de perceberem. Lembre ainda que sutilezas, nuances emocionais, são muito mais eficazes nesse público, ao interagirem com o significado contextual e toda uma vida de experiências armazenadas.

---

* Disponível em: <https://www.youtube.com/watch?v=ZuPTZWhz46M>.

Referências

DAMÁSIO, A. *O mistério da consciência: do corpo e das emoções ao conhecimento de si*. São Paulo: Companhia das Letras, 2000.

_____. *Em busca de Espinosa*. São Paulo: Companhia das Letras, 2004.

_____. *O livro da consciência: a construção do cérebro consciente*. Lisboa: Temas e Debates, 2010.

_____. *E o cérebro criou o homem*. São Paulo: Companhia das Letras, 2011.

DARWIN, C. *A expressão das emoções no homem e nos animais*. São Paulo: Companhia das Letras, 2000.

DAVIDSON, R.; BEGLEY, S. *The emotional life of your brain: how its unique patterns affect the way you think, fell, and live — and how you can change them*. Nova York: Hudson Street Press, 2012.

FOLHA DE S.PAULO. "Dos 22 anúncios de Dilma na TV, 19 atacam Aécio". Veiculado em: 18 out. 2014. Disponível em: <www.folha.uol.com.br>.

HAAS, S. "Defenda seu estudo: a decepção o torna mais confiante". *Harvard Business Review Brasil*, out. 2015.

HILL, D. *Emotionomics: leveraging emotions for business success*. Londres: Kogan Page, 2010.

HUGHES, V. "The roots of resilience: most people bouce back from trauma — but some never recover. Scientists are trying to work out what underlies the difference". *Nature*, v. 490, out. 2012.

LAVAREDA, A. *Emoções ocultas e estratégias eleitorais*. Rio de Janeiro: Objetiva, 2009.

_____. "Neuropolítica: o papel das emoções e do inconsciente". *Revista USP*, n. 90, p. 120-46, jun.-ago. 2011.

LEDOUX, J. *The emotional brain*. Nova York: Simon & Schuster, 1996.

MAGIDS, S.; ZARFAS, A.; LEEMAN, D. "A nova ciência das emoções do cliente: uma forma de promover crescimento e lucratividade". *Harvard Business Review Brasil*, nov. 2015.

PLUTCHIK, R. *Emotions and life: perspectives from psychology, biology, and evolution*. Washington: American Psychological Association, 2003.

RENVOISE, P.; MORIN, C. *Neuromarketing: understanding the "buy button" in your customer's brain*. Nashville: Thomas Nelson, 2007.

YONCHEVA, N.; WISE, J.; MCCANDLISS, B. "Hemispheric specialization for visual words is shaped by attention to sublexical units during initial learning". *Brain and Language*, v. 146, jun.-jul. 2015, p. 23-33.

ZALTMAN, G.; ZALTMAN, L. *Marketing metaphoria: what seven deep metaphors reveal about the minds of consumers*. Boston: Harvard Business Press, 2008.

6
FACE HUMANA: IMBATÍVEL CAMPEÃ DE ATRATIVIDADE

O mundo virtual torna instantânea a comunicação. Ao toque dos dedos, através de conexões cada vez mais rápidas, é possível mandar mensagens para pessoas no mundo inteiro, e as respostas vêm em tempo real. Videoconferência, envio de imagens e áudios, textos e, claro, a tradicional telefonia, que foi inventada ainda no século XIX. Mas nós possuímos cérebros cujo modelo tem cerca de 100 mil anos. Eles continuam a ser excelentes leitores de rostos, leitura que foi fundamental para a sobrevivência e evolução da espécie humana.

O cérebro possui diversos sistemas neurais para ler as emoções do interlocutor. A face humana é como um bluetooth, funciona como ponte para que os cérebros troquem informações que terão importância maior que a linguagem. Para entender as alterações na fisionomia do rosto de alguém, simulamos o que o outro está sentindo, e os neurônios-espelho ajudam muito nisso. É como se sentíssemos o mesmo que a pessoa com a qual estamos conversando. Nossas mentes são permeáveis, interagindo continuamente, como se estivessem ligadas por um elo invisível. A identificação dos rostos é um trabalho da via secundária do cérebro: córtex visual, tálamo e amígdala. A interpretação da face humana é diretamente emocional.

O poeta americano Edgar Allan Poe marcou a literatura mundial com uma obra, a um só tempo, inteiramente dedicada às emoções e tecnicamente racional. Esta dualidade é prova de que, instintivamente, entendia o funcionamento do cérebro humano. Ele estava certo quando disse:

> se eu quiser saber o quão sábio, ou o quão estúpido, ou o quão bom ou mau qualquer um é, ou quais são seus pensamentos no momento, eu faria a expressão do meu rosto, com a maior precisão possível, de acordo com a expressão do seu rosto, e depois esperaria para ver os pensamentos ou sentimentos que surgirão em minha mente ou coração [...]

Ou seja: é no rosto que vamos buscar a mensagem mais emotiva do outro, refletimos e simulamos, em nós mesmos, e, por fim, entendemos os sentimentos alheios. E isso serve muito para a publicidade. A face humana é o primeiro alvo da atenção em qualquer mensagem visual. Coloque um rosto num banner, ele será visto por todos antes de qualquer outra coisa. Setenta e cinco por cento da fixação do nosso olhar estão focados na face das pessoas que aparecem na tela da TV, do tablet ou do celular. Para comunicar sentimentos, irradiá-los através de faces conhecidas ou não na propaganda é o caminho mais rápido e eficaz.

Ao contrário do que acontece em bate-papos pelo celular, quando conversamos pessoalmente, a sensação de conexão depende menos do que é dito e mais do elo emocional. Mostramos o que sentimos por expressões espontâneas, gestos e olhares; 55% da comunicação humana é transmitida pelas expressões faciais e pela linguagem não verbal. Um milenar ditado tibetano diz que "quando você sorri, metade do sorriso é seu e a outra metade está no rosto de outra pessoa". O sorriso é a menor distância entre dois cérebros, mesmo na era dos smartphones e das redes sociais.

Comprar ou não comprar: a resposta da face humana

Quando o cérebro analisa um rosto, ele é detalhista: olhos, formato da boca, movimentos que indicam sinais de humor ou intenção. A face humana é campeã em transmitir emoção para o cérebro. Consequentemente, ela ajuda a marcar a memória do consumidor. Várias áreas do cérebro são utilizadas na interpretação dos sentimentos expressos nela. Mas duas regiões têm maior destaque: o córtex orbitofrontal, que fica atrás e acima dos olhos, daí o prefixo, e o córtex cingulado anterior. O córtex orbitofrontal tem posição estratégica na leitura dos rostos: a junção da parte mais elevada dos centros emocionais e a parte mais baixa do cérebro racional, além de se conectar com o tronco cerebral, o cérebro "reptiliano", responsável pelas ações automáticas. Ou seja, ele é o maestro da relação coordenada e imediata de pensamento, sentimento e ação. O córtex orbitofrontal dá sentido ao que vemos nos rostos, fazendo cálculos instantâneos para nos dizer o que esperar do outro.

Córtex orbitofrontal e córtex cingulado anterior

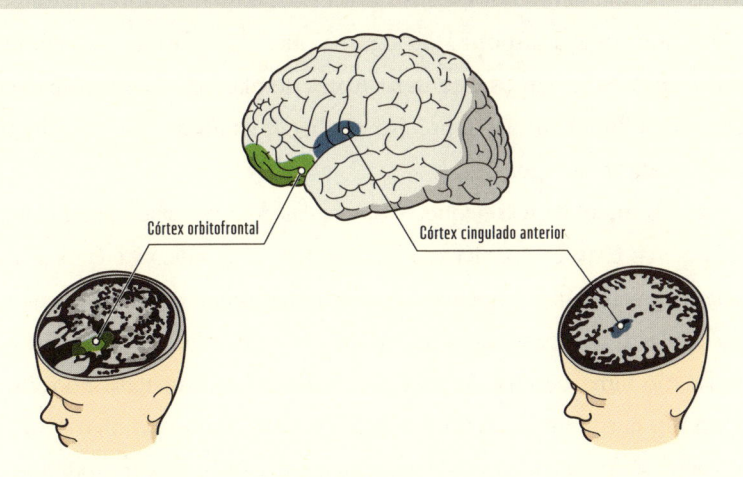

Córtex orbitofrontal   Córtex cingulado anterior

O córtex cingulado anterior é a área mais elevada do sistema límbico, conectada ao córtex orbitofrontal. Assim, o córtex cingulado anterior direciona a atenção e coordena os pensamentos e a reação do corpo aos sentimentos. Ambos os córtices são ricos receptores de serotonina, dopamina e vasopressina: os neurotransmissores responsáveis pelas sensações relacionadas ao carinho, humor e prazer.

Um exemplo que resume a importância destas áreas para nossas emoções: os córtices cingulado anterior e orbitofrontal têm ativação elevadíssima quando uma mãe vê o filho chorar. Assim, quando a sua campanha publicitária chegar a estas áreas, poderá influenciar os julgamentos instantâneos de "gostar" ou "não gostar" nos fundamentais milésimos de segundo antes da tomada da decisão de querer ou não, confiar ou não e de comprar ou não.

A face no mundo multitelas

No mundo multitelas, quatro aparelhos são fundamentais: TV, computador, tablets e celular. Boa parte de nós passa o dia revezando entre estes quatro tipos de tela, sem contar as vezes em que utilizamos duas, ou mesmo quatro, simultaneamente.

Pode-se ainda acrescentar as telas de anúncio nas avenidas, nos estádios de futebol, dentro dos trens do metrô, táxis, elevadores, aviões... É possível que você já disponha de alguma outra plataforma que não existia enquanto escrevíamos este livro. Antes de planejar a campanha, e escolher as melhores mídias, é preciso conhecer os limites do cérebro para processar suas mensagens.

Um exemplo: na tela pequena, de celular de 5 polegadas, como usar a face humana? Uma campanha criada para a Samsung utilizou a técnica *projection mapping* sobre uma face para expressar a multifuncionalidade de um aparelho celular. E não pense que foi com um ator criando caretas e expressões variadas. No filme, dezenas de tipos de imagens eram projetadas no rosto de um modelo que permanecia imóvel e com um semblante que era o mais próximo possível do que podemos chamar de neutro. As projeções em sequência conseguem um resultado que impressiona, uma mistura de estranheza e conforto enquanto observamos todas as variações de imagens no rosto. Ao mesmo tempo, o rosto do modelo é a tela para as imagens conceituais.

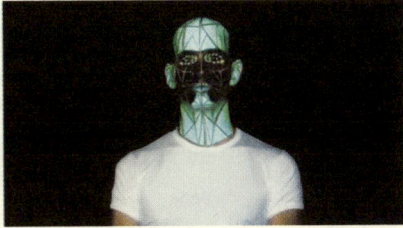

Samsung: *Explore your dual world.* 1'40"*
Agência Excentric

No fim das contas, o resultado é um vídeo hipnotizante. É quase impossível não tentar decifrar o que acontece naquele rosto. Longo para os padrões de publicidade pela internet, mas a variação de informações atrai o cérebro e o uso da face humana como uma tela prende ainda mais a atenção. O vídeo termina com a frase "Explore your dual world [Explore o seu mundo duplo]". Pensando à luz da neurociência, é óbvio que a mensagem já havia sido transmitida para o cérebro inconsciente. A campanha da Samsung resume o fascínio que o cérebro tem pela face humana. Obteve mais de 350 mil visualizações no YouTube. Só faltava mesmo o comercial completar que a marca lançara um novo celular, que aceita dois chips.

Emoção sem legenda

Ao manejar as expressões emocionais na face dos personagens de sua campanha é bom levar em conta as observações de Paul Ekman, consultor da série *Lie to me*, da Fox TV. Segundo ele, para serem adequadas, plausíveis:

> Nossas emoções devem estar no nível correto, proporcional ao evento que as evocou; e devem ser expressas no momento certo, de uma forma que seja apropriada para o gatilho emocional e as circunstâncias em que ocorreram.

---

* Disponível em: <https://www.youtube.com/watch?v=9wBxf-NIbbI>.

Exemplo de uma excelente composição emocional aparece no comercial de Natal de 2015 da EDEKA, uma das principais redes de supermercado da Alemanha. Ele conquistou o mundo inteiro. Não é preciso falar alemão para se emocionar.

EDEKA: *Heimkommen.* 1'30"*
Agência Jung Von Matt/Elbe

No comercial, um senhor de idade passa as noites natalinas sozinho, longe dos filhos, que estão sempre muito ocupados. A tristeza e solidão ficam escancaradas nas expressões dele. Então o idoso decide tomar uma atitude drástica: enviar um comunicado à família informando a própria morte. Todos comparecem, visivelmente abatidos, e, ao chegarem, se surpreendem com a mesa toda enfeitada e o pai, vivo, esperando por eles. A alegria toma conta do Natal da família e faz o espectador se emocionar, desta vez, com os rostos radiantes de felicidade. Tamanha combinação e timing de emoções transmitidas pelas faces dos atores espalharam a mensagem pelas redes sociais mundo afora.

---

* Disponível em: <https://www.youtube.com/watch?v=V6-0kYhqoRo>.

Referências

ALLMAN, J. et al. "The anterior cingulate cortex: the evolution of an interface between emotion and cognition". *Annals of the New York Academy of Sciences*, n. 935, 2001, p. 107-17.

DIMBERG, U.; THUNBERG, M. "Rapid facial reactions to emotional facial expression". *Scandinavian Journal of Psychology*, 39, 2000, p. 39-46.

EKMAN, P. *Emotions revealed: recognizing faces and feelings to improve communication and emotional life*. Nova York: Saint Martin's Press, 2007.

GUMP, B.; KULIK, J. "Stress, affliation, and emotional contagion". *Journal of Personality and Social Psychology*, n. 72(2), 1997, p 305-19.

HATFIELD, E.; CACIOPPO, J.; RAPSON, R. *Emotional contagion*. Nova York: Cambridge University Press, 1994.

PRESTON, S.; DE WAAL, F. "Empathy: its ultimate and proximate bases". *Behavioral and Brain Sciences*, n. 25, 2002, p. 1-20.

WILLIAMS, M. et al. "Amygdala responses to fearfull and happy facial expressions under conditions of binocular suppression". *Journal of Neuroscience*, v. 24, n. 12, 2004, p. 898-904.

7
GÊNERO: CÉREBRO DE HOMENS E CÉREBRO DE MULHERES

Mais conectividade entre ação e percepção versus mais comunicação entre o processamento intuitivo e o analítico. Não é pequena a diferenciação entre o cérebro masculino e o feminino que emerge das pesquisas mais recentes. Vai muito além do que já era conhecido. Há bases neurais na distinção psicológica dos gêneros. A começar pela sexualidade. O mesmo hipotálamo, um autêntico centro de controle com apenas 4,5 gramas, que regula nossa temperatura e batimento cardíaco, desempenha um papel-chave no comportamento sexual. O fato de ele ser maior entre os homens somado à presença de um volume dez a vinte vezes mais elevado de testosterona explica a maior impulsividade dos rapazes nesse terreno.

Os homens, com conexões em maior quantidade dentro de cada hemisfério cerebral, têm mais habilidades cognitivas, se saem melhor nas tarefas motoras e desfrutam de melhor orientação espacial. Ao passo que as mulheres, com um corpo caloso mais denso, possuem mais conectividade entre os dois hemisférios, o que leva a uma maior integração entre os estímulos e permite que se saiam melhor em multitarefas — cuidar dos filhos, da casa, eventualmente de um companheiro ou companheira, trabalhar e estudar a cada dia. No trabalho, envolvem-se com maior sucesso em um número maior de diferentes atividades. No geral, podemos afirmar que o cérebro das mulheres parece mais eficiente e até mesmo mais rápido que o dos homens.

Nos homens, o hemisfério esquerdo é dominante, o que propicia predileção por cálculos, física, engenharia, enquanto que as mulheres, com um cérebro aproximadamente 10% menor, têm um melhor balanceamento da atividade cerebral entre os dois lados, levando-as frequentemente às áreas centradas em torno da linguagem ou de pessoas. As diferenças também se revelam em distintas respostas emocionais a determinados estímulos, que têm base anatômica. O córtex cingulado anterior das mulheres, que antecipa, controla e integra as emoções negativas, é maior e mais rapidamente acionado que o dos homens. Neles é através da visão que a maior parte das informações chega ao sistema nervoso central, enquanto que o gênero feminino, para apreender o mundo a sua volta, é mais abrangente, tendendo a utilizar, além da visão, a audição, o olfato e o tato.

Essas diferenças são acompanhadas por distintas percepções e modos de processamento das informações. E é óbvio que isso se expressa fortemente na publicidade. Um comercial apresentado no Festival de Cannes trouxe a história de um garoto e seu amigo imaginário Monty, um pinguim, também solitário.* Realçado por uma trilha sonora adequada, mostrou um potencial de memorização 23% maior entre os homens do que entre as mulheres. A Neuro-Insight, que realizou o estudo em 2014, concluiu que os homens respondiam mais positivamente à narrativa e eram menos sensíveis às cenas que mostravam a solidão do pinguim, ao passo que nas mulheres tais cenas causavam uma acentuada tristeza. O esforço inconsciente de livrar-se da memória negativa foi a causa provável para o baixo recall.

---

* Disponível em: <https://www.youtube.com/watch?v=tLSUDUth3Sk>.

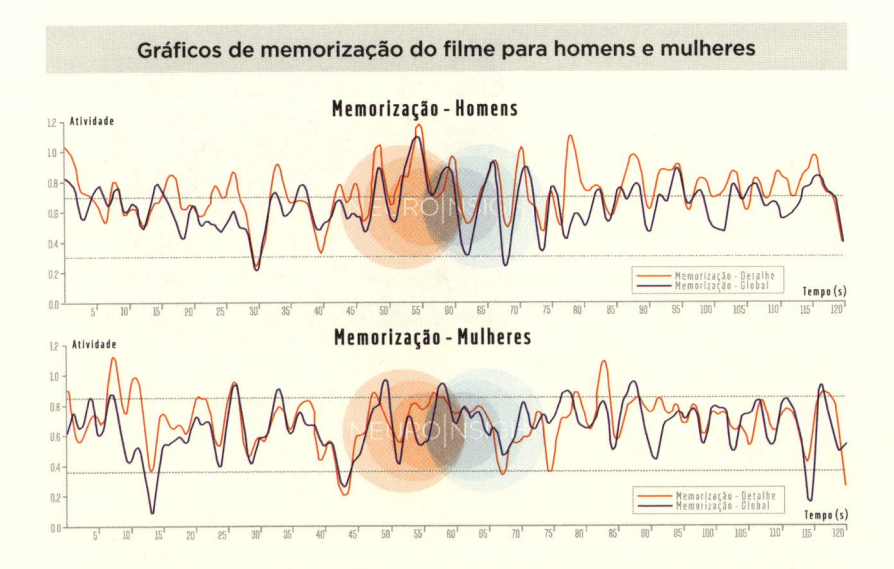

Gráficos de memorização do filme para homens e mulheres

Memorização - Homens

Memorização - Mulheres

Sublinhar as diferenças entre os gêneros não deve nos levar a incorrer em qualquer tipo de reducionismo. É provável que, assim como a preferência sexual tem uma determinação genética e hormonal ainda na fase uterina, parte das diferenças de atitudes e comportamentos entre homens e mulheres é social e culturalmente determinada. E a publicidade pode e deve ajudar a remover barreiras.

Na perspectiva da quebra de tabus, uma campanha digital para o Latin Cooperative Oncology Group (Lacog) veiculada durante o outubro rosa de 2015 usou a censura a seu favor, com o objetivo de aumentar o engajamento do público com as pesquisas para a prevenção e cura do câncer de mama. Isso porque a imagem do seio nu é bloqueada nas redes sociais por ser considerada "imprópria". Formadores de opinião, fotógrafos, modelos, celebridades e movimentos feministas viralizaram a hashtag #nudefightagainstcancer e publicaram em suas páginas a marca da campanha sobre a tarja preta que normalmente cobre fotos das mamas. A mecânica foi simples, as pessoas eram direcionadas ao site e lá baixavam o selo da campanha para aplicá-lo a suas próprias imagens, como se vê a seguir.

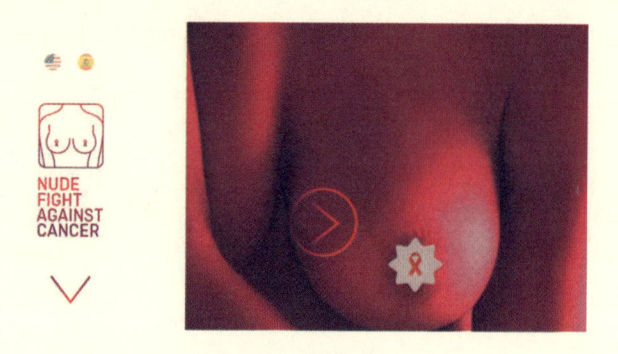

Lacog: *#nudefightagainstcancer.* Rede social
Agência Blackninja

A subestimação das diferenças frequentemente se expressa na adoção de perspectivas masculinas na comunicação em geral. Nunca é demais lembrar que todo cuidado com campanhas machistas é pouco. Em abril de 2015, 73% das mulheres brasileiras ouvidas pela consultoria de marketing Think Eva afirmaram ter interesse em tecnologia, número bastante plausível se lembrarmos que mulheres são tão dependentes de smartphones e outros gadgets eletrônicos quanto os homens, porém outro dado do mesmo levantamento colocava o dedo na ferida: 76% delas disseram que a propaganda das empresas de tecnologia se dirige apenas aos homens. Gol contra dos anunciantes do segmento e sobretudo de suas agências. E o problema não parece se restringir ao segmento. A mesma pesquisa observou que 55,7% das mulheres disseram que nenhuma propaganda de qualquer categoria havia chamado sua atenção recentemente. Que marca quer ficar emocionalmente distante de um mercado cuja renda no Brasil é superior a 1 trilhão de reais?

Na mesma direção, uma avalanche de críticas despencou sobre a tão admirada Apple quando esta, em seu evento anual de setembro do mesmo ano, ao apresentar um novo modelo de tablet, o iPad Pro, usou um aplicativo da Adobe, o Photoshop Fix, para editar no palco a foto da modelo que aparecia na tela, convertendo em sorriso o que era originalmente uma expressão séria. "Forçar uma mulher a sorrir" foi demais para muita gente, e os ataques ao deslize da marca pipocaram.

Outro caso polêmico ocorreu, também em 2015, na França, quando o canal France 3 começou a veicular um comercial em homenagem às mulheres que foi retirado do ar em seguida, classificado como sexista.* Na primeira cena aparece uma cozinha, com destaque para o fogão de onde sai fumaça. Seguem-se imagens de uma casa bagunçada. Depois surge um closet em que falta um par de sapatos. Começa a tocar uma música que pergunta "onde estão as mulheres?", vindo em *lettering* a resposta, "elas estão no France 3". Encerra com a frase "a maioria dos nossos apresentadores são apresentadoras". Resultado: uma avalanche de comentários negativos nas redes sociais, com tamanha proporção que ganhou a mídia internacional.

Na pesquisa brasileira analisada anteriormente, aparece um dado que pode muito bem ser extrapolado para boa parte do mundo: das entrevistadas, 85,8% gostariam que a inteligência fosse a principal característica ressaltada nas mulheres quando elas fossem retratadas na publicidade. Leve o cérebro consciente delas em conta na próxima campanha, mas fique atento, isso não exclui recorrer à ocitocina — amor, cuidado, aconchego — sempre que for necessário.

Do que as mulheres gostam

Em direção contrária ao exemplo anterior, uma campanha voltada para as mulheres com posicionamento emocional eficaz é apresentada pela Dove. A receita da marca é simples e objetiva. Ela mexe com a autoestima das consumidoras ao incentivar cada uma das "mulheres reais" a valorizarem a sua própria beleza. Mulheres comuns tendo a coragem de mostrar seu corpo quase totalmente exposto, sem vulgaridade, numa

---

* Disponível em: <http://www.dailymotion.com/video/x38q8fu_la-publicite-sexiste-de-france-3_news>.

espécie de reality show, ativam os neurônios-espelho das espectadoras. Elas se reconhecem naquele grupo e se sentem à vontade, confortáveis consigo mesmas. Uma descarga também de ocitocina, que impulsiona a autoconfiança e retroalimenta a relação com a marca.

Dove: *Real beleza*. Anúncio de revista
Agência Ogilvy

O conceito há anos vem gravando a marca na intimidade das mulheres de todo o planeta. Os primeiros resultados disso foram constatados no pós-teste realizado na França pelo instituto de pesquisa Ipsos, após o início da campanha. Ouvidas trezentas mulheres, entre 15 e 60 anos, 42% delas associaram corretamente a marca ao anúncio, percentual muito superior à média obtida pela publicidade em geral no país, que era de 24%.

Quando se pensa na questão da propaganda do ponto de vista feminino, sempre vale lembrar o filme *Do que as mulheres gostam*, lançado no Brasil em 2001. Nele, Mel Gibson interpreta Nick Marshall, um publicitário habituado a fazer comerciais voltados para os homens e que se vê obrigado a entender a cabeça feminina quando sua chefe,

Darcy McGuire, apresenta a toda equipe o desafio de criar uma campanha para mulheres.

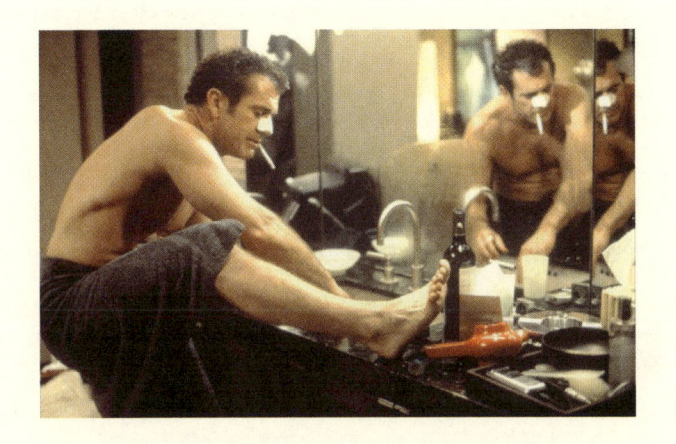

Cena do filme *Do que as mulheres gostam*
Distribuição: Paramount Pictures

Nick se perde em meio a uma caixa de produtos femininos entregue por sua chefe para inspirá-lo a criar a campanha publicitária em questão. Ele então resolve provar tudo de uma vez, como mostra a cena anterior, e, ao levar um choque elétrico, termina ganhando o "dom" de ouvir os pensamentos femininos. Hoje, Nick e Darcy certamente ficariam entusiasmados com as possibilidades apresentadas pela neuropropaganda para ajudá-los nessa tarefa.

Referências

BRIZENDINE, L. *The female brain*. Nova York: Morgan Road Books, 2006.

CORBALLIS, M. *A very short tour of the mind: 21 short walk around the human brain*. Nova York: Overlook Duckworth, 2011.

DAVIDSON, R.; JACKSON, D.; KALIN, N. "Emotion, plasticity, context, and regulation: perspectives from affective neuroscience". *Psychological Bulletin*, n. 126, 2000, p. 890-909.

HERCULANO-HOUZEL, S. *Pílulas de neurociência para uma vida melhor*. Rio de Janeiro: Sextante, 2009.

HILL, D. *About face: the secrets of emotionally effective advertising*. Nova York: Kogan Page, 2010.

HORGAN, J. *A mente desconhecida: por que a ciência não consegue replicar, medicar e explicar o cérebro humano*. São Paulo: Companhia das Letras, 2002.

PINKER, S. *The language instinct: how the mind creates languages*. Nova York: Harper Perennial, 1994.

8
HUMOR: LEVE A PIADA A SÉRIO

Sigmund Freud disse que o humor é a válvula de escape da psique e que "quem consegue fazer uma piada sobre a própria sorte está acima de seu destino". O senso de humor é inerente ao cérebro humano. Ainda recém-nascidos, possuímos habilidades cognitivas para interagir rindo e fazendo os outros rirem. Há milhares de anos, as pessoas contam fatos engraçados apenas como preâmbulo para lidar com desafios e conflitos.

Quando nos deparamos com ideias inconsistentes, em meio a um raciocínio complexo, a tendência é que o cérebro nos faça rir. É prazeroso sorrir quando chegamos a alguma conclusão, em meio a uma confusão de ideias. Uma sacada bem-humorada é como uma resposta súbita, que resume pensamentos lógicos. Para o cérebro, rir de uma piada traz o mesmo prazer de ter um belo insight. Da mesma forma, a falta de humor nos traz a sensação de tédio. Ou seja, a melhor forma de contar uma história — até as mais complexas —, e de ser compreendido, é acrescentando boas doses de humor à narrativa. O filósofo Emmanuel Kant disse que "apenas três coisas podem realmente fortalecer o homem contra as tribulações da vida: a esperança, o sono e o riso". Ele estava certo. O humor pode apaziguar qualquer mensagem, acalmando a amígdala, o centro das emoções do cérebro, com grandes descargas de endorfinas e dopaminas, hormônios do prazer.

Uma anedota quase sempre tem uma "vítima", alguém para considerarmos tolo. É preciso que o público-alvo da mensagem se identifique com quem vai se dar mal na piada, mas, ao mesmo tempo, sinta-se superior. Além disso, a história será mais engraçada se o interlocutor entender perfeitamente o contexto. O começo de uma boa piada é sempre uma eficiente contextualização. Por fim, o cérebro fica atento ao timing. Mesmo que inconscientemente, buscamos o tempo correto de uma piada assim como em uma música. Os melhores comediantes possuem um ritmo inato, que faz com que suas piadas funcionem melhor. Como os músicos que examinam uma partitura musical, os profissionais do mundo da comédia são capazes de analisar com precisão qual a duração de uma pausa antes do desfecho da piada. Analogamente, políticos têm discursos mais aclamados quando são grandes oradores, e fazem pausas nos momentos certos, agradando a busca incessável dos cérebros do público por timing.

Um exemplo disso é o filme *Dads in briefs* [Pais de cuecas], criado para a campanha dos condicionadores de ar da BGH. Em preto e branco, com trilha sonora dramática, são apresentadas cenas de pais calorentos, andando de cueca pela casa, constrangendo familiares e convidados, que terminam por arrancar risadas dos espectadores. Quase sem texto, o vídeo termina com a imagem do condicionador de ar para resolver o problema do pai "sem noção".

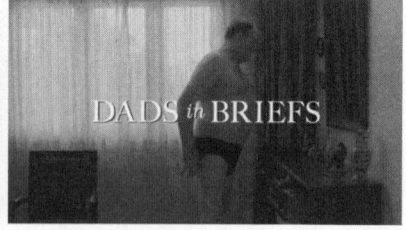

BGH Condicionadores de ar: *Dads in briefs.* 1'30"*
Agência Del Campo Saatchi & Saatchi, Buenos Aires

---

* Disponível em: <https://www.youtube.com/watch?v=law8ySzfEto>.

O humor é contagiante. Quando se está perto de alguém que sorri, os neurônios-espelho entram em ação e a tendência é que o rosto espelhe o sorriso. O cérebro reproduziu o sentimento. O contágio do riso fica ainda mais claro quando alguém vai ao cinema, ou ao teatro. Quando as outras pessoas da plateia começarem a rir, a tendência é que o riso tome as rédeas e a mente entre em um estado relacionado à alegria. As piadas são muito mais engraçadas em grupo.

Além disso, o cérebro tem forte tendência a preferir o bom humor. Produzir um sentimento positivo e uma frase bem-humorada pode ser suficiente para contagiar a mente. A brincadeira, que nasce na infância, irá sempre fazer parte da organização mental, pois é uma forma de controlar níveis de estresse e promover a empatia e o interesse entre as pessoas.

A variação do humor no cérebro

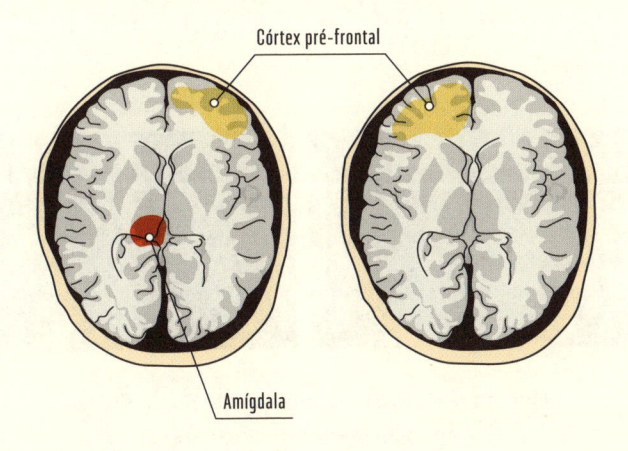

Córtex pré-frontal

Amígdala

A alteração de humor pode ser vista na ação cerebral, resumida na figura anterior. Quando se está aflito, a amígdala e o córtex pré-frontal direito ficam mais ativos. Ao passo que o cérebro de alguém bem-humorado tem estas regiões quietas e o córtex pré-frontal esquerdo muito ativo. O córtex pré-frontal é um indicador do humor: se estamos bem, o esquerdo se sobrepõe; e o direito fica ativo quando estamos aborrecidos.

Ficamos mais capazes de tomar decisões quando estamos bem-humorados. Ações que estimulam o bom humor acionam positivamente o córtex pré-frontal e podem deixar o consumidor mais favorável ao produto anunciado.

Super Bowl não é brincadeira

A transmissão da decisão da NFL, liga de futebol americano dos EUA, é o evento esportivo com maior audiência de TV nos EUA, consequentemente, tem o horário mais caro para os comerciais. Mais do que isso: as grandes empresas que investem nos milionários segundos dos intervalos do jogo também participam de uma disputa que já é tradicional: o comercial de maior repercussão do Super Bowl. Além dos lances do jogo, a mídia e as rodas de bate-papo também debatem os comerciais. E não é à toa: muitas pessoas que veem a transmissão não estão interessadas apenas no jogo; elas são fascinadas pelas novidades guardadas a sete chaves pelas grandes marcas.

Mercedes CLA: *Sympathy for the Devil*. 60"*
Agência Merkley + Partners

Neste cenário de altas apostas, todas as empresas e respectivas agências de publicidade colocaram suas fichas no humor. Imagine qual outra aposta poderia fazer sentido para se comunicar com tanta gente, e

---

* Disponível em: <https://www.youtube.com/watch?v=QQ73nfCqtW8>.

vender? Em 2013, a Mercedes-Benz transformou Willem Dafoe em Lúcifer. Ao som de "Sympathy for the Devil", dos Rolling Stones, ele oferecia mulheres, amizade com famosos e prestígio a um jovem em troca de sua alma. Mas o rapaz prefere comprar uma Mercedes, para ter os mesmos benefícios sem precisar "gastar" tanto com o acordo maligno.

Já a Volkswagen, no mesmo ano, pegou o gancho no mau humor do trabalhador na segunda-feira para chamar a atenção dos telespectadores para o New Beetle, o novo Fusca.

Volkswagen, *New Beetle: Get happy*. 60"*
Agência BBDO

No comercial, a alegria de um funcionário, com um forte sotaque jamaicano, embora pareça um típico americano branco, se destaca entre tantos carrancudos. De repente, em meio a uma reunião, ele convida o chefe e um colega para um passeio. Os dois voltam diferentes, com rostos felizes e sorrisos abobalhados. Por fim, o segredo é desvendado: o recém-comprado New Beetle vermelho é o motivo de tanta alegria. O bom humor é um caminho importante para conquistar a empatia dos consumidores. Mas não se esqueça dos pré-testes — para encontrar a medida certa e não errar no tom da piada.

---

* Disponível em: <https://www.youtube.com/watch?v=7VQqUuW1ii0>.

Referências

CARUSO, D. *The emotionally intelligent manager*. San Francisco: Jossey Bass, 2004.

FELTEN, D.; SHETTY, A. *Atlas de neurociência*. Rio de Janeiro: Guanabara Koogan, 2009.

GOLEMAN, D. *Inteligência social*. Rio de Janeiro: Elsevier, 2006.

JEREMY, R.; BRAVER, T.; RAICHLE, M. "Integration of emotion and cognition in the lateral prefrontal cortex". *PNAS*, v. 99, n. 6, 2002.

NUDD, T. "Volkswagen's Super Bowl spot turns glum white office workers into happy Jamaicans". Veiculado em: 28 jan. 2013. Disponível em: <www.adweek.com>.

___. "A devilish Willem Dafoe joins Kate Upton, Usher in Mercedes Super Bowl ad". Veiculado em: 30 jan. 2013. Disponível em: <www.adweek.com>.

WEEMS, S. *Ha! The science of when we laugh and why*. Nova York: Basic Books, 2014.

9
INSIGHT: A CRIATIVIDADE EXIGE CORAGEM

"Alguma vez você observou quem tem ideias acidentais? O acaso favorece apenas a mente preparada." Esta frase é do químico francês Louis Pasteur, responsável por uma das maiores descobertas da ciência, que alavancou a medicina e a indústria. Com pouquíssima literatura sobre o tema e quase sem tecnologia aplicada, Pasteur teve que lançar mão da criatividade para chegar a conclusões marcantes na história do conhecimento humano, que foram causas diretas ou indiretas de conhecimentos que parecem ser fundamentais para a sobrevivência nos dias de hoje, como a biogênese, doenças causadas por micróbios e vírus, vacinas, fermentação e, claro, a pasteurização.

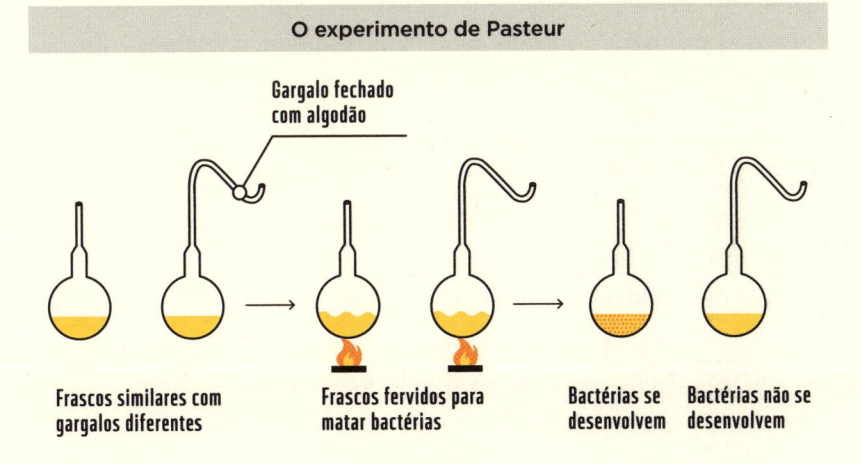

O experimento de Pasteur

Gargalo fechado com algodão

Frascos similares com gargalos diferentes

Frascos fervidos para matar bactérias

Bactérias se desenvolvem

Bactérias não se desenvolvem

Pasteur intuía perfeitamente o funcionamento do processo criativo no cérebro, embora a confirmação só chegasse um século depois, com o advento da neurociência. De lá para cá, uma das *neuromitologias* mais disseminadas foi que a criatividade está relacionada ao lado direito do cérebro. Muito antes da "década do cérebro" (1990), Paul Broca anunciou, em 1861, que a fala depende do hemisfério esquerdo, que seria "logicamente" também responsável pela racionalidade. Sobravam para o lado direito as emoções e os ímpetos criativos, os insights. Na verdade, criatividade está associada a todo o cérebro, pois é a capacidade de reorganizar as informações para resolver novos problemas.

Aqui recorremos ao neurocientista canadense Steven Pinker, que aprofunda o conceito dizendo que muito da criatividade consiste em usar a imaginação para criar novas combinações e conceitos, e não simplesmente recuperá-los da memória. A imaginação é a capacidade humana de combinar memórias e a criatividade é o uso da imaginação para gerar novidades, cenários inéditos. O momento do "eureka", quando revelamos uma ideia repentina, pode ser medido através do eletroencefalograma e mostra que há uma atividade gama muito elevada que surge 300 milissegundos antes de a resposta chegar a nós.

Essa atividade amplificada é mais concentrada no córtex pré-frontal direito, o mesmo lugar que entende metáforas e ironias. Este local é como um tradutor da linguagem subconsciente, que Freud chamava de "processo primário", quando entendemos sonhos, e criamos a linguagem de poemas, fábulas e da arte abstrata.

Este "ahá" aconteceu na criação de um clássico da música mundial: o álbum *A love supreme*, de John Coltrane, um homem obsessivo, que chegou a dizer em uma entrevista em 1966 no Japão:

> Não tive muito tempo de lazer nos últimos quinze anos e, sempre que tenho algum tempo livre, quase sempre estou tão cansado que vou para algum lugar e não faço nada por umas duas semanas. E, na maior parte do tempo, minha cabeça ainda está na música.

Em um destes momentos, no nascimento do primeiro filho, em 26 de agosto de 1964, Coltrane e a família foram para um sobrado recém-comprado em Long Island, Nova York. Novamente, ele não descansou. Trancafiou-se por cinco dias em um cômodo, com caneta, papel e o saxofone. De vez em quando, saía do quarto para pegar comida. Há anos, ele estudava com esmero a criação daquelas quatro músicas. Agora, se isolava para pensar em realizá-las.

Quando saiu do confinamento, John falou para sua esposa, Alice: "Esta é a primeira vez em que me veio toda a música que quero gravar, como uma suíte. Pela primeira vez, tenho tudo, tudo pronto." Três meses depois, Coltrane gravou as lendárias quatro faixas — um total de 32 minutos e 55 segundos — em um estúdio de Nova Jersey, com o baterista Elvin Jones, o pianista McCoy Tyner e o contrabaixista Jimmy Garrison. *A love supreme* foi um marco da história da música.

Atividade gama no córtex pré-frontal

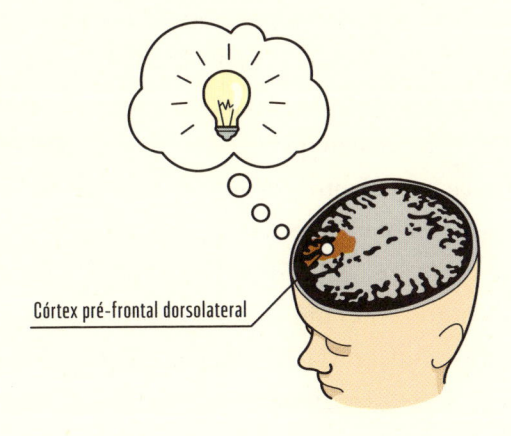

Córtex pré-frontal dorsolateral

Mark Jung-Beeman, neurocientista da Universidade Northwestern, passou quinze anos estudando como o cérebro tem ideias criativas e quais são as fontes neurais das descobertas. Ele desenvolveu um experimento simples: os voluntários precisam pensar em uma palavra única ou expressão composta a partir de três palavras diferentes, indicadas previamente pelos pesquisadores. Neste tipo de experimento, os participantes costumam ter sensação semelhante à de Coltrane quando saiu do quarto, após os dias de reclusão absoluta. Jung-Beeman chegou à conclusão de que o cérebro arquiteta o sentimento de epifania, como se algo novo tivesse nascido — mesmo que tudo já estivesse lá.

As primeiras áreas envolvidas durante o processo de solução de problemas são responsáveis pelo controle executivo: o córtex orbitofrontal e o córtex cingulado anterior. O estudo revela que, primeiramente, o cérebro faz uma varredura, expulsando os pensamentos inúteis. Ou seja: o insight precisa ter páginas em branco. Depois, associações começam a ser criadas, ativando áreas para buscar tudo o que pode ser útil para se ter uma ideia. A maioria das possibilidades é inútil, então os córtices orbitofrontal e cingulado anterior têm o trabalho de mudar a estratégia algumas vezes.

Neste momento é que a imaginação se torna fundamental. Estudos mostram que os neurônios da área cortical disparam em resposta ao estímulo, o problema a ser resolvido, e seguem disparando, mesmo que se pare — conscientemente — de pensar sobre o assunto. Esta espécie de eco fará o cérebro procurar por novas associações. Sentimentos e ideias aparentemente sem relação começam a se sobrepor. A partir daí, é o córtex orbitofrontal que aplica conceitos e abstrai, em busca da solução — em um contexto novo. Para isso, um elemento crucial é o uso da memória de trabalho, que tem curto prazo e fica mais próxima às áreas corticais. O objetivo é que as áreas racionais do cérebro consigam trabalhar com toda a informação possível. A maior capacidade de memória de trabalho significa maior capacidade de resolver problemas. Esse processo é como uma reestruturação de pensamentos, e as ligações de redes inteiramente novas é o que chamamos de criatividade.

Insight: a criatividade exige coragem

Memória de trabalho e processo criativo

Córtex cingulado anterior (CCA)

Córtex orbitofrontal (COF)

Memória de trabalho

Hipocampo

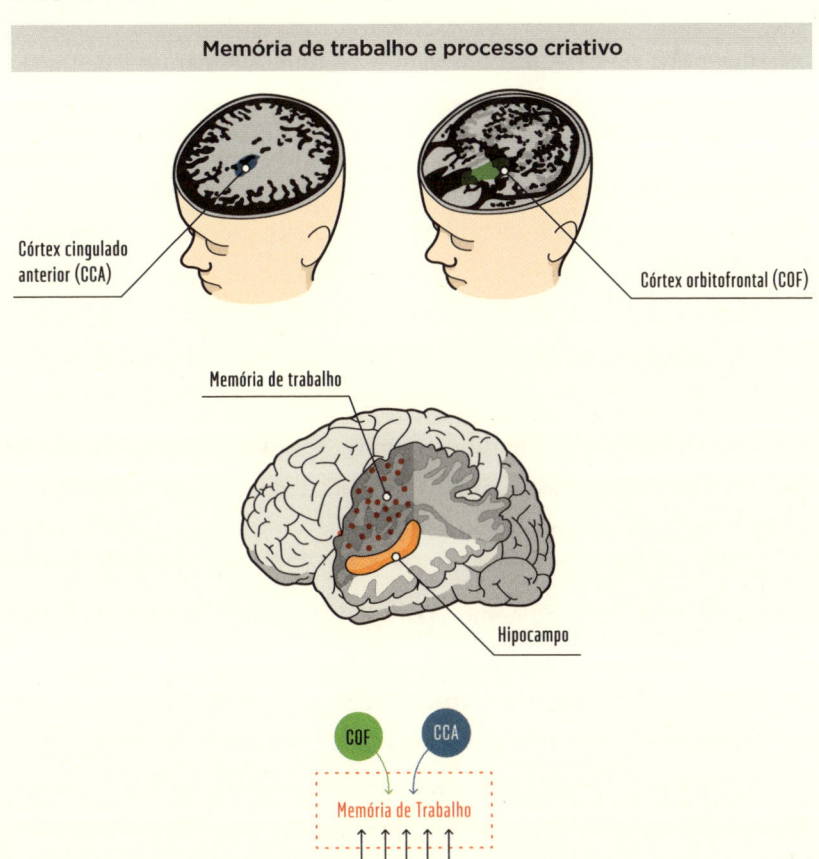

COF · CCA
Memória de Trabalho
Memória do Hipocampo

A partir desse conhecimento, o neurocientista Daniel Goleman enumerou as quatro fases de criatividade:

1. Defina o problema. Goleman sugere encarar o desafio e fazer perguntas para decifrá-lo. Este primeiro movimento serve para acionar o córtex orbitofrontal e o córtex cingulado anterior.

2. Mergulhe. É o momento de ir o mais fundo possível, reunindo dados, informações, bibliografias, fotos, vídeos, conversas com fontes e tudo mais que possa ajudar. Aqui começamos a estimular a memória de trabalho, que será o escopo para o insight.

3. Relaxe. Goleman diz que é bom deixar o problema um pouco de lado. Todos nós sabemos que muitas ideias excelentes surgem quando estamos lavando a louça, fazendo uma caminhada matinal ou tomando uma ducha. Na verdade, aqui precisamos ter paciência para que o cérebro indique que descobriu a resposta. Estamos à espera de um insight.

4. Execute. Este é o momento mais grave, pois nem sempre boas ideias são bem executadas. Encontramos a resposta depois de tanto esforço, é o momento do esforço maior de realizá-la.

Não por acaso, outro gênio criativo da primeira metade do século passado também entendia o funcionamento da criatividade e a dificuldade de executar boas ideias. O artista Henri Matisse disse que "a criatividade exige coragem". Ele estava certo. Críticos e fãs dizem que Matisse foi um mestre que pintava com a mesma naturalidade com que respirava. Mas, na verdade, o gênio era perfeccionista ao extremo. Refazia projetos várias vezes e tinha várias versões para a mesma pintura. Chegava a ser inseguro, em alguns momentos. No dia 31 de dezembro de 1917, Henri fez a primeira visita a seu maior ídolo, Auguste Renoir, este à beira da morte, em Cagnes, na França. Matisse planejara levar algumas telas para o mestre avaliar, mas, minutos antes, estava paralisado. Não tinha coragem de encarar Renoir e, prestes a desistir, resolveu lançar a sorte em uma moeda.

A moeda decidiu pelo encontro, e Renoir, percebendo o nervosismo de Matisse, disse humildemente: "Você está diante de alguém que talvez não tenha realizado nada de muito importante, mas que conseguiu produzir algo absolutamente próprio. Trabalhei com Monet e com Cézanne durante anos, e sempre permaneci fiel a mim mesmo." Matisse aproveitou a deixa para confessar que nunca conseguira copiar, sua produção sempre exigira muito estudo e um trabalhoso processo criativo. Renoir, então, disse: "É exatamente isso o que me agrada em você."

No Brasil, também temos exemplos de lenda urbana que envolvem o processo criativo de grandes artistas. Em agosto de 1962, na boate Bon Gourmet, em Copacabana, Tom Jobim, Vinicius de Moraes e João Gilberto iniciam uma temporada de shows. Tom toca algumas notas no piano de uma música até então desconhecida. João começa a cantarolar:

> Tom, e se você fizesse agora uma canção
> Que possa nos dizer
> Contar o que é o amor?

É quando entra Tom:

> Olha, Joãozinho, eu não saberia
> Sem Vinicius pra fazer a poesia...

Era a vez de Vinicius dizer:

> Para essa canção se realizar
> Quem dera o João para cantar...

João Gilberto completava:

> Ah, mas quem sou eu?
> Eu sou mais vocês
> Melhor se nós cantássemos os três...

Os três seguiam:

> Olha que coisa mais linda, mais cheia de graça...

A temporada de 45 dias de "O encontro" na boate da zona sul do Rio foi "provavelmente o maior momento da Bossa Nova no Brasil", segundo Ruy Castro, autor de *Chega de saudade*. Ali também nascia a lenda de que "Garota de Ipanema" foi composta no Bar Veloso. Com muita dedicação, Tom se esmerou ao piano, em sua própria casa, para compor a melodia, em princípio para um musical que Vinicius queria escrever, mas que nunca sairia do papel. Por sua vez, Vinicius escreveu a letra em sua casa de Petrópolis, após muitas revisões, edições e modificações.

A verdade da história é que os dois realmente viam, sentados numa mesa daquele mesmo bar, Helô Pinheiro passar a caminho da praia. Tamanho zelo no processo criativo fez com que Tom e Vinicius compusessem a segunda canção mais executada da história, atrás apenas de "Yesterday", dos Beatles. Há mais de 1.500 produtos (DVDs, CDs e LPs) que a reproduzem em diferentes interpretações (estima-se que são mais de quinhentas, com gravações que vão de Frank Sinatra a Amy Winehouse). São milhares de reproduções em peças audiovisuais, em comerciais (exemplos recentes são Calvin Klein e Nike), séries como *Mad Men* e dezenas de filmes.

Tom costumava dizer que era uma pessoa séria, ia ao bar para beber e não para trabalhar.

Outra lenda sobre os insights vem de Washington Olivetto, no livro *A propaganda brasileira depois de Washington Olivetto*, onde João Renha escreve que o publicitário não acredita em genialidade. Na verdade, para Olivetto, é necessário ser disciplinado e focado nas necessidades do cliente; os insights vêm do conhecimento adquirido. Renha completa dizendo que a "inteligência pode ser moldada". Em entrevista, fez a seguinte declaração:

> O Washington não acredita em genialidade. Pelo que entendi, ele não conhece nenhum gênio na propaganda. Eles não existem. O que existe é o cara que tem talento e é disciplinado. Senta e escreve, escreve, escreve até encontrar o título certo, o texto certo, o melhor comercial. "Eu não sou gênio", disse Olivetto. "Ninguém é."

Referências

BOWDEN, E.; JUNG-BEEMAN, M. "Aha! Insight experience correlates with solution activation in the right hemisphere". *Psychonomic Bulletin & Review*, n. 10, 2003, p. 730-37.

BROCA, P. "Remarks on the seat of the faculty of articulate language, followed by an observation of aphemia". In: VON BONIN, G. (org.). *Some papers on the cerebral cortex*. Springfield: Charles C. Thomas; 1960, p. 49-72.

CASTRO, R. *Chega de saudade*. São Paulo: Companhia das Letras, 1990.

GOLEMAN, D. *O cérebro e a inteligência emocional: novas perspectivas*. Rio de Janeiro: Objetiva, 2012.

JUNG-BEEMAN, M. et al. "Neural activity when people solve verbal problems with insight". *Public Library of Science — Biology*, v. 2, 2004, p. 500-10.

KAHN, A. *A love supreme: a criação do álbum clássico de John Coltrane*. São Paulo: Barracuda, 2007.

KOSSLYN, S.; MILLER, G. *Top brain, bottom brain: surprising insights into how you think*. Nova York: Simon & Schuster, 2013.

LEHRER, J. *O momento decisivo: o funcionamento da mente humana no instante da escolha*. Rio de Janeiro: Best Business, 2010.

PINKER, S. *Do que é feito o pensamento*. São Paulo: Companhia das Letras, 2004.

____. *Tábula rasa*. São Paulo: Companhia das Letras, 2004.

RENHA, J. *A propaganda brasileira depois de Washington Olivetto*. São Paulo: Leya, 2013.

SAGAN, C. *Broca's brain: reflections on the romance of science*. Nova York: Ballantine Books, 2011.

SUBRAMANIAM, K. et al. "A brain mechanism for facilitation of insight by positive affect". *Journal of Cognitive Neuroscience*, n. 21, 2009, p. 415-32.

SPURLING, H. *Matisse: uma vida*. São Paulo: Cosac Naify, 2012.

10

JOGOS NEURAIS REFORÇAM VÍNCULOS COM A MARCA

Rodrigo acaba de chegar do trabalho e não se sente mais capaz de construir um único pensamento, tamanho o cansaço. Ele só pensa em descansar para retomar tudo no dia seguinte. Quando abre a porta do quarto, a esposa diz que a filhinha recém-nascida acaba de dormir, e que agora precisa descansar. Quando a mulher acaba de balbuciar a frase, Rodrigo percebe que ela já pegou no sono. Ele, então, fecha a porta da suíte do casal e nem se atreve a abrir a porta do quarto da criança, vai direto para a sala e liga o Playstation 4, para jogar *Call of duty: Black Ops 3*, o novíssimo exemplar de uma das franquias de maior sucesso da história do video game. Ele aciona o modo "on-line" e começa a jogar partidas com pessoas espalhadas pelo mundo. *Call of duty* é um game que simula conflitos de guerra, e o modo on-line permite que jogadores se dividam em dois times: quanto mais jogadores do time adversário são mortos, maior a pontuação da equipe. São 22h43. Após a primeira partida, que dura menos de 10 minutos, Rodrigo já está mais animado. Além do joystick, Rodrigo usa um headset — um fone de ouvido com microfone — através do qual pode se comunicar com os companheiros de jogo e ouvir os sons do game. A pontuação aumenta e Rodrigo comemora, sem fazer muito barulho, para não acordar a esposa e a filha. Na quarta partida já está vidrado, e mais habilidoso do que no início. Rodrigo está exterminando os inimigos virtuais.

O video game tem a capacidade de rapidamente atingir o circuito de recompensa do cérebro, que começa, em poucos minutos, ou nas primeiras partidas, a descarregar dopamina — o hormônio do prazer. Cada vitória no *Call of duty* dá uma descarga de dopamina no cérebro de Rodrigo, e cada derrota o faz criar expectativa pela próxima vitória. Este ciclo pode durar horas ou até dias.

Mas não é só isso. A dopamina está relacionada também a aprendizado, reforço do comportamento, atenção e engajamento. Um jogo bem pensado tem ingredientes que fascinam o cérebro. As regras claras de vitória e derrota fazem com que o cérebro tenha maior expectativa para a recompensa. Um game on-line jogado em grupo — como faz Rodrigo — pode até treinar habilidades de mediação de conflitos. Jogar games oferece uma programação de recompensa extremamente eficaz, que pode ser comparada ao cigarro: os momentos prazerosos são curtos, mas prometem a frequente repetição. Maiores pontuações liberam mais dopamina, e assim por diante.

Cena do game *Call of duty: Black Ops 3*
Produtora Treyarch

Games motivam comportamentos

Um video game é pensado para criar narrativas em *looping*, que vão e voltam entre o desafio e a recompensa. Assim, encontramos ações de dois neurotransmissores fundamentais: a adrenalina, pela sensação de desafio, e a dopamina, pela antecipação da recompensa. Durante o jogo, para induzir o jogador ao vício, há diferentes porções de adrenalina e dopamina. O início de um game, por exemplo, costuma ter desafios mais fáceis e recompensas mais frequentes. Com o passar da história, aos poucos, esta proporção é invertida, com desafios mais difíceis e recompensas mais espaçadas. Esta é uma importante lição dos games para a propaganda: o consumidor não deve ter apenas uma experiência prazerosa. O importante é que a campanha consiga induzir o *looping*, com novidades e recompensas.

Outra característica que torna o video game um motivador de comportamento é o estímulo à competição e à colaboração entre os participantes. O fantasy game esportivo *Cartola FC*, do portal Globo.com, é um exemplo disso. O jogo faz parte da publicidade do canal SporTV. Nele, os jogadores precisam criar times com atletas de futebol da primeira divisão do Campeonato Brasileiro. Como em uma bolsa de apostas, cada atleta tem um valor que varia de acordo com seu desempenho em cada partida. A ideia é que o jogador consiga atletas que irão evoluir a cada rodada, valorizando e rendendo uma moeda imaginária chamada "cartoleta". Este conceito arbitrário de pontuação é praticamente irrelevante para o fascínio dos mais de 3 milhões de usuários cadastrados. O que interessa é o sistema de competição, onde cada um expõe sua pontuação e compete entre amigos e desconhecidos.

O *Cartola FC* resume bem outra característica que faz dos video games peças fundamentais para a publicidade: a indução ao compartilhamento. A ligação com a campanha publicitária será sempre maior se o consumidor puder dividir com os amigos alguma ideia, valor, desafio ou a própria marca.

O famoso *Candy Crush Saga* é um grande exemplo de como o consumidor dá muito valor ao tempo gasto, estando disposto até mesmo a gastar dinheiro para comprovar isso. Em 2015, o game chegou a ter mais de meio bilhão de usuários em todo o mundo e a empresa que o criou foi vendida por US$ 5,9 bilhões, para uma gigante do ramo de games, a Activision Blizzard. O jogo é disponibilizado de graça e o jogador pode ficar horas se divertindo sem gastar um tostão. Até que, em média, dez horas depois, a derrota em cinco fases significa a interrupção do jogo — ou seja, do ciclo de recompensa da dopamina, o hormônio do prazer. Após tantas horas dedicadas àquele jogo e o fim abrupto causado por uma derrota, o cérebro do jogador — ávido por mais dopamina — compara todo o tempo com a quantia relativamente pequena. Pouco mais de R$ 10 investidos já permitiriam a volta ao ciclo virtuoso. É como se a mente repetisse: "Colocamos dez horas de vida neste jogo, só um bobo investiria tanto tempo em algo ruim, portanto, isto vale algum dinheiro." O cérebro tem aversão à perda e sempre se mostrará disposto a evitá-la. Ou seja: quanto mais tempo o consumidor gastar com a sua campanha, mais valor ele dará ao produto e à marca. Um site atrativo com um bom game que faça o visitante ficar muitos minutos navegando por lá é uma boa alternativa para conseguir a admiração.

Advergames: atalho para atenção e memória

A crescente popularidade dos advergames, jogos que integram campanhas publicitárias, pode ser atribuída a um hábito muito atual: pessoas entre 18 e 40 anos estão gastando cada vez mais tempo com jogos em multiplataformas e menos tempo em frente à televisão tradicional. As novas tecnologias permitiram que cada um tenha uma plataforma de jogos em seu próprio aparelho celular e que inúmeras pessoas possam se unir em um jogo específico. Lembre-se de que, mesmo antes das atuais — e fascinantes — tecnologias, jogos já são extremamente populares há cerca de quarenta anos, o que indica que o público acostumado a esta interface está cada vez maior e já engloba adultos e até idosos.

Há algumas características inerentes que tornam os games armas preciosas para a publicidade. Já mostramos que um jogo aciona imediatamente os centros de recompensa e prazer, ambos ligados ao circuito dopaminérgico. São também acionadas áreas associadas a processamento visual, atenção espacial, funcionamento motor e integração multissensorial. Os video games são capazes também de alterar formações cerebrais, caso construam importantes desafios cognitivos. Ou seja, são capazes de influenciar a plasticidade cerebral, que é a criação de novas conexões com o surgimento de novas habilidades.

O ambiente dos games pode se tornar tão motivador a ponto de estimular crianças com Transtorno do Déficit de Atenção com Hiperatividade (TDAH) a conseguirem ficar atentas a um jogo durante horas, sem sair da frente da tela. O ciclo do prazer e do centro de recompensa está intimamente ligado à capacidade de atenção do cérebro. A exigência de que o jogador se mantenha focado na ação aumenta a função executiva cerebral. A expectativa pela descarga de adrenalina aciona o estado de alerta. E ficamos mais aptos a aprender. O cérebro é preparado para registrar atitudes que deem mais prazer. E deve-se ter isso em conta quando se planeja um advergame.

Um jogo pode ser uma ferramenta para obter a plena atenção do consumidor por tempos muito maiores que a publicidade tradicional em TV, mídia impressa ou virtual, e com ligação direta com os centros de memória e aprendizado do cérebro. Um video game pode deixar o consumidor entretido por 5 a 30 minutos. Ou até por horas. Quanto mais foco, mais aprendizado. Elaborar um advergame eficiente permite criar uma conexão emocional com a marca de forma mais intensa e duradoura.

Tentáculo e dragão: um jeito interativo de vender carros

Entre outros recursos inovadores, o carro tem um tentáculo que dá tiros conectado ao teto. O veículo trafega por um túnel de design futurista, esquivando-se de bolas de fogo. Agora, imagine um ambiente feudal, com criaturas de um mundo mitológico, quando um feiticeiro cria uma picape, que é usada como antídoto para derrotar um dragão.

Estas duas cenas, claramente fictícias, serviram como peças publicitárias para dois produtos reais, da japonesa Toyota. As duas estratégias tiveram grande impacto e usaram a mesma ferramenta, o advergame, só que de formas sutilmente diferentes.

O carro com o tentáculo que atira é o personagem principal do game *Yaris*, distribuído gratuitamente na plataforma Xbox 360, da Microsoft. Todo o conceito do game de aventura foi criado para divulgar o lançamento do carro homônimo. A segunda cena foi uma criação dos publicitários para inserir a picape Tacoma em um dos games on-line de maior sucesso, o *World of Warcraft* — um jogo de guerra com muita ação e enredo baseado numa história fantástica. A aparição do carro — com a aparência exata de como é vendido — foi um sucesso, tamanha a surpresa que causou nos jogadores.

Cena de *Yaris*, game da Toyota para Xbox
Produtora Castaway Entertainment

Ambas as ações ocorreram no final da primeira década do século XXI, pouco tempo antes do boom dos games em plataformas móveis como os tablets e as redes sociais. A Toyota é uma pioneira em advergames e é a montadora que mais vende carros no mundo. Diversificar a campanha, buscando o público fã de video games — nos EUA esta parcela chega a 40% da população —, é uma estratégia fundamental para alcançar um público cada vez menos exposto à publicidade tradicional, já que passa muito tempo de lazer em redes sociais e plataformas de TV on demand, como Netflix e Apple TV. Um advergame atrativo, no qual o branding não fique escancarado ou sem sentido na história, será recebido pelo consumidor com a empolgação de um jogo e não como mera propaganda.

A memória afetiva ganha o jogo

O advergame desenvolvido para a campanha do Ultrabook 2 em 1 da Intel foi um marco no Brasil. A produção foi o primeiro jogo criado exclusivamente para uma campanha nacional. Para trazer o conceito do slogan "É tempo de mudar. É tempo de Ultrabook", o game utiliza personagens icônicos de várias épocas do video game, tudo em uma só história.

O herói — comandado pelo jogador — é um garoto, abduzido pelo notebook (que em alguns momentos também é um tablet). É preciso vencer os inimigos em série para voltar para casa. No primeiro momento — o mundo com poucos bits —, o jogador passa por games tradicionalíssimos como *Pac-Man*, *Alex Kidd*, *Super Mario* e *Tetris*. A seguir, no mundo 16 bits, é a vez de alguns dos cenários mais famosos dos video games, como os de *Donkey Kong Country* e *Final Fantasy*. Por fim, vêm os mundos em 32 e 64 bits, com *Age of Empires II*, *Pokémon* e *Tomb Raider*, por exemplo. O resgate de personagens tão queridos atrai várias faixas etárias; a partir daí, o jogador apaixonado torna-se um consumidor em potencial, mais próximo da marca.

Referências

ALVES, J. "Game Hero — um advergame como você nunca viu". Veiculado em: 8 jan. 2014. Disponível em: <software.intel.com>.

BARTLE, R. "Virtual worlds: why people play". *Massively Multiplayer Game Development*, n. 2, 2005, p. 3-18.

BOOT, W. et al. "The effects of video game playing on attention, memory, and executive control". *Acta Psychologica*, n. 129, 2008, p. 387-98.

COLZATO, L. et al. "DOOM'd to switch: superior cognitive flexibility in players of first person shooter games". *Frontiers in Psychology*, 2010. Disponível em: <www.ncbi.nlm.nih.gov>.

GREEN, C.; BAVELIER, D. "Action video game modifies visual selective attention". *Nature*, n. 423, 2003, p. 534-37.

KOEPP, M. et al. "Evidence for striatal dopamine release during a video game". *Nature*, n. 393, 1998, p. 266-68.

YEE, N. "Motivations of play in online games". *Journal of Cyberpsychology and Behavior*, n. 9, 2006, p. 772-75.

11
LEALDADE E O DIVÓRCIO DO CÉREBRO

Marcas se tornam famosas e confiáveis porque conseguem ter uma relação emocional íntima com o consumidor. Um consumidor leal se sente parte da marca e a defende. E atraí-los está cada vez mais difícil. As novas gerações estão em contato com vários tipos de mensagens consumistas em um grande número de plataformas ao mesmo tempo. O desafio da propaganda é abrir um caminho emocional entre os produtos e as pessoas, construindo um relacionamento em que os consumidores sejam defensores da marca. Quando falamos em marcas, estamos tratando de aspectos afetivos e cognitivos. A lealdade diz respeito ao relacionamento que é construído e isso tem um impacto direto no valor que o cliente cria para a marca ao longo de sua vida.

Hoje, sabemos quais áreas do cérebro são ativadas pelo sentimento de lealdade. O córtex frontomedial (CFM) é ativado quando nos deparamos com algo que admiramos e também configura um ponto importante na tomada de decisões. Pessoas leais a uma marca, quando provam produtos idênticos, mas com rótulos diferentes, têm maior ativação do córtex frontomedial quando veem a marca que admiram. Mesmo produtos visivelmente inferiores ativam mais o córtex frontomedial do consumidor leal se tiverem a marca admirada. Essa ativação mais forte libera níveis maiores de dopamina, o neurotransmissor do prazer e da recompensa.

Assim, o consumidor se sente recompensado por — de novo — escolher a marca que mais admira, e rejeitar a outra.

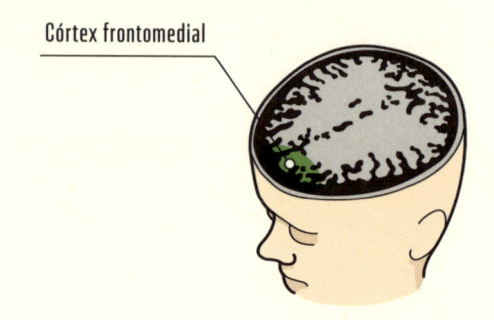

Córtex frontomedial

A maior ativação do córtex frontomedial demonstra que o consumidor é leal à marca. A escolha de produtos parecerá ainda mais racional e liberará dopamina, o hormônio do prazer.

Conquistar altos níveis de lealdade não é tarefa fácil nem mesmo para gigantes multinacionais. Veja o exemplo da anglo-holandesa Unilever, que tem enorme variedade de marcas e produtos, e que se destaca também por ser a maior produtora de sorvetes do mundo. No final de 1997, quando entrou no mercado brasileiro, montar a maior, mais completa e moderna fábrica de sorvetes custaria cerca de US$ 300 milhões. Mas a multinacional optou por pagar US$ 930 milhões pela icônica Kibon, que dominava 60% do mercado brasileiro, com ativos de US$ 104 milhões. Na época, o mercado de sorvetes no país movimentava US$ 1,6 bilhão por ano.

O valor da lealdade à marca pode ser medido por esta grande transação. E a Unilever repetiu este plano mundialmente. Na imagem anterior mostramos alguns exemplos, como na Itália, em que uma das marcas dos sorvetes Unilever chama-se Algida; Frigo na Espanha; Good Humor no Canadá; Tío Rico na Venezuela; Kwality Wall's na Índia; Streets na Austrália; HB na Irlanda; Ola na Holanda; GB Glace na Finlândia; Langnese na Alemanha. Não é à toa: a mesma empresa agregando leais consumidores de sorvete ao redor do mundo.

Lealdade e o divórcio do cérebro

A estratégia da Unilever talvez seja um indicativo de que disputar um mercado onde uma marca já possui boa parte dos consumidores leais é tarefa difícil demais.

Algumas das principais marcas de sorvete da Unilever mundialmente

Algída · FRIGO · GOOD HUMOR · TÍO RICO · KWALITY WALL'S
STREETS · HB · OLA · GB GLACE · LANGNESE

Um dos estudos mais importantes sobre os efeitos da fidelidade à marca foi comandado pelo neurocientista Read Montague. Nele, 67 pessoas tiveram seus cérebros analisados por ressonância magnética funcional, enquanto degustavam às cegas refrigerantes similares de cola: Pepsi e Coca. Primeiramente, o estudo mostrou que os refrigerantes são mesmo similares. A preferência foi dividida meio a meio, sendo que a escolha estava condizente com a maior ativação de uma das áreas do cérebro que processam a sensação de prazer, o córtex pré-frontal ventromedial.

Na segunda parte do teste, os indivíduos eram informados de qual refrigerante estavam provando, também sob exame de fRMI. Assim, três quartos disseram preferir Coca-Cola. E a atividade cerebral também havia mudado. O córtex pré-frontal lateral — uma área do cérebro muito importante para ações cognitivas — e o hipocampo — o centro da memória — foram mais ativados. Isto indica que os cérebros dos consumidores, inconscientemente, começaram a buscar escopo de informações para o consumo. Em seguida, era ativado o córtex pré-frontal medial, que se relaciona à fidelidade.

O fenômeno que ganhou o coração dos brasileiros

Uma campanha mostrou que é possível desconstruir a lealdade. Em seis meses de campanha, entre 2002 e 2003, a lã de aço Assolan apresentou aos brasileiros o nome do produto, em um batalhão de comerciais. Lembre-se que a Bombril, a marca da concorrente, era o nome comumente usado para se referir ao produto palha de aço. A Bombril é, inclusive, um ícone do mercado publicitário brasileiro. Mas a campanha da Assolan conseguiu, pela primeira vez, em mais de 55 anos, fazer a presença de mercado da Bombril cair para menos de 70%. Surgia, então, uma concorrência significativa.

A Assolan trouxe um garoto propaganda de personalidade, um mascote animado e simpático que dançava a música da moda. A campanha tinha um forte cunho popular, bastante agressiva, com grande frequência na TV e demais meios. Paralelamente, as campanhas de marketing traziam promoções e ações de ponto de venda. Assim, em outubro de 2005, a Assolan chegou a ser "Top of Mind" do Datafolha, ao lado das Casas Bahia. Foi por várias oportunidades uma das propagandas de TV preferidas, ao lado dos grandes anunciantes, como Coca-Cola e Vivo. Mas, com o passar do tempo, ao trocar de controladores, a marca perdeu fôlego e viu sua participação no mercado encolher.

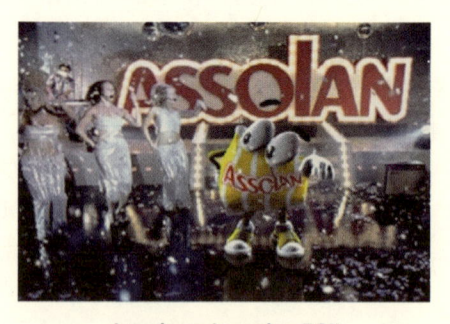

Assolan: *Aserehe*. 30"
Agência África

Desconstruir a lealdade dos consumidores é, antes de mais nada, uma tarefa longa e que exige esforço máximo da campanha, que precisa de um bom mix de mídia. À luz da neurociência, escolher uma marca diferente daquela a que se é leal aciona a amígdala — o alarme de perigo do cérebro. Portanto, a campanha, para conseguir uma virada de mercado, precisa acalmar o cérebro emocional. A marca desafiante precisa apresentar seus atributos de uma forma contundente, mas, ao mesmo tempo, suave. A utilização de um porta-voz de prestígio é outra estratégia interessante. Conhecer e confiar na pessoa que apresenta a marca é um importante passo para que o consumidor receba melhor o comercial.

A partir daí, é preciso acionar o ciclo de recompensa do cérebro, que tem na dopamina — o hormônio do prazer — sua força motriz. Mostrar que a nova marca estimulará o consumidor é um passo importante. Trocar a marca preferida deverá trazer prazer, e este será o estopim para o divórcio do cérebro. Então, mercado conquistado, que comecem as campanhas para estimular a nova lealdade, no córtex frontomedial.

Contexto da lealdade: o catalogador de experiências

Uma campanha publicitária não pode ignorar que o cérebro precisa catalogar a importância das mensagens. Uma marca que atrai milhões de consumidores leais não consegue nada fora de contexto. O público precisa reconhecer as marcas e os famosos contratados como garotos-propaganda. Criar lealdade é também tornar a marca conhecida e inserida em um contexto de vendas identificável pelo consumidor.

O cérebro cataloga experiências, relaciona as marcas a produtos e as celebridades a prestígio. A partir daí a tomada de decisão é quase imediata. A campanha precisa criar o contexto para este casamento da marca com o prestígio. Parece óbvio, mas até marcas de inquestionável fama mundial sofrem quando são retiradas do contexto. Um programa de TV dos EUA fez um interessante experimento que mostra como uma marca mundialmente famosa pode ser ignorada por milhares de consumidores se colocada fora de contexto. Era hora do rush, no fim do expediente de trabalho, na estação Grand Central do metrô de Nova York. Uma banda de rock se apresenta, como sempre acontece diariamente nas estações mais movimentadas, em busca de gorjetas. Os quatro músicos tocam um grande sucesso dos anos 1980, "I Still Haven't Found What I'm Looking For". As pessoas olham, mas quase ninguém para e ouve a banda, com exceção de um menino, que aparenta ter menos de 14 anos, e um casal — a moça e o rapaz parecem ter menos de 18 anos. Até que ponto seria difícil transformar estes músicos de rua em uma banda de megassucesso mundial?

A cena é uma pegadinha criada pelo comediante americano Jimmy Fallon, que apresenta um talk-show de altíssima audiência, exibido em dezenas de países. Quando Fallon revela para o público que os quatro homens da banda são, na verdade, o cantor Bono Vox, o guitarrista The Edge, o baixista Adam Clayton e o baterista Larry Mullen — nada mais, nada menos que o U2, uma das bandas de rock de maior sucesso da história —, e que "I Still Haven't Found What I'm Looking For" é a música que os alavancou para o estrelato mundial — uma das turnês da banda, a "360° Tour", durou quase três anos (entre 2009 e 2011), perfazendo 110 shows, com todos os 7.272.046 tíquetes vendidos e uma receita de US$ 736.421.584 —, bem, agora não parece tão difícil vender os ingressos daqueles "músicos de rua".

Para o cérebro, ser um fã apaixonado por U2 faz sentido em um estádio lotado, em famosos programas de TV ou em discos que têm o lançamento ansiosamente aguardado. Ter o privilégio de vê-los no metrô, enquanto se volta para casa do trabalho, pode até fazer sentido, mas é preciso saber que eles são Bono Vox e cia. Caso contrário, nada feito. Mesmo que a música seja a mesma tocada há décadas em centenas de shows lotados ao redor do mundo, fora do contexto não é a mesma coisa para o cérebro. Uma banda desconhecida tocando no metrô na hora do rush é mais uma banda sem valor, nada digno de muita atenção. Mas quando

Jimmy Fallon revela quem são aqueles quatro músicos, a Grand Central de Nova York se transforma em uma apresentação do U2, com direito a seguranças para conter a euforia, milhares de gritos histéricos e pedidos de fotos e autógrafos. E a banda tem que se retirar rapidamente, para não paralisar a importante estação de metrô.

Referências

AHN, W-K. et al. "Why essences are essential in the psychology of concepts". *Cognition*, n. 82, 2001, p. 59-69.

DATAFOLHA. "30 segundos: Casas Bahia e Assolan dividem a primeira posição no ranking de marcas mais lembradas em propagandas na TV, em setembro de 2005". Disponível em: <www.datafolha.folha.uol.com.br>.

GEHRING, W.; FENCSIK, D. "Functions of the medial frontal cortex in the processing of conflict and errors". *The Journal of Neuroscience*, n. 21(23), 2001, p. 9430-37.

LIN, C.; TUAN, H.; CHIU, Y. "Medial frontal activity in brand-loyal consumers: a behavior and near-infrared ray study". *Journal of Neuroscience, Psychology, and Economics*, v. 3(2), 2010, p. 59-73.

LINDEN, D. *The compass of pleasure: how our brains make fatty foods, orgasm, exercise, marijuana, generosity, vodka, learning, and gambling feel so good*. Nova York: Penguin, 2012.

MACHADO, I. "Unilever compra Kibon por US$ 930 mi". Veiculado em: 21 out. 1997. Disponível em: <www.folha.uol.com.br>.

MARKETING BEST. Case Assolan. 2003. Disponível em: <www.marketingbest.com.br>.

MCCLURE, S. et al. "Neural correlates of behavioral preference for culturally familiar drinks". *Neuron*, n. 44, 2004, p. 379-87.

12
MEMÓRIA É PARA ESQUECER

Você entra várias vezes ao dia nos seus blogs e sites prediletos, interage nas redes sociais, faz buscas no Google e em todo lugar se depara com um número crescente de anúncios e comentários sobre marcas que já conhecia ou que nunca viu. Quando liga a televisão acontece o mesmo, seja em comerciais, em merchandising nos programas, e até nas camisas cada vez mais poluídas de anúncios dos jogadores do seu time predileto. O bombardeio continua na rádio, que sintoniza no trânsito engarrafado, no mobiliário urbano, e não para nem no seu smartphone.

A obsolescência programada e acelerada dos produtos conduz à progressiva multiplicação da oferta e acirra a competição sobre a preferência dos consumidores. Refrigeradores e lavadoras não duram dez anos como nos anos 1990, agora são no máximo cinco ou seis. Em 2014, ano de Copa do Mundo, mais de 150 modelos só de TV 4D foram lançados globalmente. No Brasil, no mesmo ano, foram 59 lançamentos de automóvel. Um dos maiores anunciantes do país, a Hipermarcas, trouxe em 2015 mais de cem novas opções de produtos. Todos lançados e propagandeados. O que ocorre com esse bombardeio em uma mente comandada por um cérebro que não sofreu grandes mudanças nos últimos 100 mil anos e cuja memória de trabalho consciente só processa cerca de sete dígitos por vez?

O espanhol Santiago Ramón y Cajal, Prêmio Nobel de Medicina e fundador da neurociência moderna, ao identificar o neurônio como entidade discreta, célula responsável por reunir, processar e transmitir as informações no cérebro, já no seu tempo qualificava como "excessivo e insuportável" esse fluxo. Isso no início do século passado. Em um mundo onde já havia cinema, rádio e telégrafo. Mas não existia a televisão, muito menos a infinidade de plataformas digitais de que dispomos hoje. Entender como se viabiliza a memória diante da avalanche que só cresceu desde então sempre foi um dos temas mais misteriosos entre todos os fenômenos mentais.

A seletividade parece ser a estratégia cerebral de defesa por excelência. É como se escolhêssemos, se não o que lembrar, ao menos o que terá mais chances de ser lembrado. O que define isso? Se é certo que podemos aumentar conscientemente a possibilidade de retenção de algumas informações, e há várias técnicas mnemônicas conhecidas, na maioria das vezes nosso cérebro inconscientemente decide quais são interessantes ou relevantes que devem ser mantidas. Alcançado esse patamar, as informações podem ser armazenadas como memória consciente, deliberada, recuperada como "recall"; ou como aprendizado implícito, fácil, automático, reconhecimento resgatado por meio de uma pista, que as pesquisas de mercado chamam de memória estimulada. A primeira, autobiográfica, nos lembra fatos da nossa vida e outros eventos. A segunda tem um componente automático, não requer habilidades cognitivas complexas, como comparação ou avaliação.

Quantas vezes uma campanha, embora premiada e com forte presença na mídia, não "desaparece" da mente do público pouco tempo depois de ser veiculada? Muitas horas de trabalho e criatividade de publicitários talentosos jogados fora. E o pior, muitos milhões de reais desperdiçados, mantendo atualíssima uma famosa frase, que você sabe de cor, atribuída a William Hesketh Lever, magnata do ramo dos sabonetes, proprietário das marcas Lux e Lifebuoy, no início do século passado: "Metade dos meus dólares gastos em propaganda é desperdiçada — eu só não consigo saber qual metade."

Hipocampo: a arena da memória

Você está vendo, no intervalo do telejornal, o comercial daquele banco. A partir do seu córtex pré-frontal, que com o auxílio de outras conexões regula a memória de trabalho (ou memória de curta duração), os elementos daquele anúncio serão disponibilizados para a construção da memória de longo prazo, mediada pelo hipocampo e outras estruturas no lobo temporal medial. Muito contribuiu para o reconhecimento definitivo de sua função o caso de Henry Molaison, paciente com epilepsia submetido a uma cirurgia experimental em 1953 que lhe removeu amplas porções dos dois lados do hipocampo. Após o procedimento, ele desenvolveu amnésia, ficando incapaz de criar novas recordações.

Essa região cortical ganhou esse nome por lembrar um pouco o cavalo-marinho. Etimologicamente, *hippo* significa cavalo, em grego, e *kampos*, monstro marinho. O hipocampo se situa no lobo temporal, adjacente ao córtex olfativo. É composto por duas finas camadas de neurônios: uma é o giro denteado, a outra é chamada de corno de Amon. Pesquisas mostraram que ele desempenha um papel fundamental na neuroplasticidade, a capacidade não só de mudar os elementos existentes como também de criar novos neurônios e sinapses, a neurogênese. Por isso, tem uma responsabilidade especial no aprendizado e na memória.

Resumidamente, o circuito do hipocampo pode ser descrito em quatro estações. As informações provenientes dos diversos sistemas sensoriais chegam até ele vindas principalmente do córtex entorrinal, através de um feixe de axônios denominado via perfurante. O fluxo da informação segue adiante quando esses axônios estabelecem sinapses com os neurônios do giro denteado. A partir daí, os neurônios dessa região projetam seus axônios em células da região CA3, que por sua vez mandam seus axônios em duas direções: um ramo, o colateral de Schaffer, estabelece sinapses com neurônios da área CA1; outro ramo vai sair do hipocampo pelo fórnix, retornando ao córtex entorrinal. Observe que CA é a sigla que designa corno de Amon, uma das duas camadas de neurônios citadas antes.

Hipocampo | Conexão das informações no hipocampo

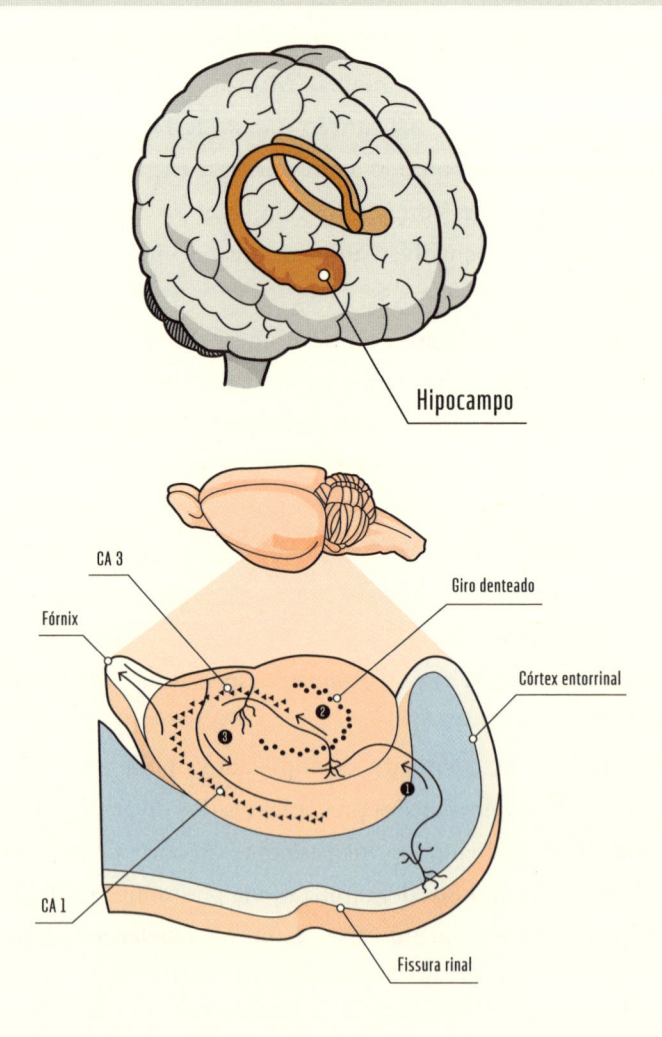

A memória de trabalho pode durar apenas segundos ou até mesmo horas. A atenção pode ter sido desviada para um sinal de mensagem no celular, ou até mesmo um anúncio na TV pode ter lhe resgatado a lembrança daquela ordem de pagamento que você se esqueceu de fazer no escritório. A conversão seletiva de trechos de comerciais na memória de longa duração, a explícita, que retém por períodos extensos dados referentes a marcas, produtos, lugares e pessoas, quando ocorre, leva mais tempo, muitas horas para se consolidar.

Eric Kandel, ganhador do Prêmio Nobel de Medicina, passou 15 anos investigando o sistema nervoso da aplísia, que chamamos de lesma-marinha, estudando o processo de transformação da memória de curto prazo na de longa duração. Deve-se a ele a constatação de que essa conversão, cientificamente chamada de consolidação — processo que pode durar até semanas —, envolve a expansão na área de superfície das sinapses envolvidas, a criação de novas sinapses, e, além de alterações anatômicas, exige um aumento no número de receptores de neurotransmissores.

Tudo isso somado leva a alterações importantes na geografia cerebral. Antes da invenção do GPS, dirigir em cidades como Londres era uma tarefa penosa e emocionalmente extenuante que requeria a leitura permanente de mapas com uso das habilidades visuais e espaciais do motorista. Um estudo com os condutores de táxi londrinos, exigidos desde a difícil prova de seleção que os habilita profissionalmente a memorizar essas informações, revelou que o tamanho de seu hipocampo no hemisfério direito do cérebro, que criava e também armazenava parte dessa memória (outras partes do cérebro também cumprem esse papel), tinha uma correlação elevada com o número de anos praticando essa atividade profissional.

Aumentam bastante as chances de que pelo menos alguns elementos do seu comercial sejam incorporados por um bom tempo no cérebro do espectador se ele tiver um significativo conteúdo afetivo. A importância emocional de uma memória específica faz com que esqueçamos por completo até mesmo fatos objetivamente importantes que ocorreram imediatamente antes ou depois dela.

O carimbo emocional

É bom lembrar alguns artefatos emocionais que ajudam a produzir maior longevidade da memória.

- A surpresa, a novidade. A primeira impressão de fatos, pessoas e lugares. Por isso você se recorda muito bem da sua primeira relação sexual, mas não poderia dar detalhes da sua terceira ou quarta experiência. Os sistemas narrativos de novelas, filmes, romances e contos de fada, com suas reviravoltas, têm bases biológicas. Exploram a busca incessante de novidades do nosso cérebro. Se esperamos uma coisa e ela acontece, nossos níveis de dopamina ficam estáveis. Se o que ocorre vem em menor quantidade do que esperado, a frustração é acompanhada por uma queda nos níveis de hormônio. Se a expectativa é superada, esse bônus é saudado com uma descarga maior de dopamina, que vai enraizar com maior força aquela memória. No teste realizado pela TNS nos anúncios veiculados durante o Super Bowl em 2016, a arma identificada como a mais importante na construção da memória afetiva potencial foi a "novidade". Aqueles que conseguiram surpreender mais os espectadores ocuparam a "pole position" na corrida da memorização.

- A rima e a música têm status especial para ficarem gravadas na mente. Daí o sucesso dos professores que transformam o conteúdo das aulas em jingle.

- O ritmo também importa. As tomadas em poucos segundos dos trailers de Hollywood causam impacto, dilatando nossa pupila diante da tela, e dão lugar a descargas de adrenalina, acentuando a memorização. Mas, cuidado, não exagere no número de tomadas; isso pode causar um curto-circuito no cérebro do espectador.

- O paradoxo, a desproporção ou o exagero que causa ruído, algo que o cérebro não estava programado para receber. O humor, em geral um tipo específico de paradoxo que gera o riso, possui um irresistível apelo.

- As metáforas, da mesma forma, criam e reforçam sinapses, à medida que mobilizam circuitos neurais de diferentes áreas do cérebro. E neurônios que são ativados ao mesmo tempo tendem a se conectar fisicamente.

- O uso de palavras e conceitos com forte conotação emocional. Cientistas de Yale, nos Estados Unidos, apontaram através de pesquisa as 12 palavras com maior capacidade de persuasão na língua inglesa. É muito provável que, se esse estudo fosse feito no Brasil, na nossa língua, os resultados fossem bem semelhantes. A maioria delas tem significado biológico acentuado e todas têm ancoragem emocional profunda.

    YOU — MONEY — SAVE — NEW — RESULTS — EASY — HEALTH — SAFETY — LOVE — DISCOVERY — PROVEN — GUARANTEE

    VOCÊ — DINHEIRO — SALVAR — NOVO — RESULTADOS — FÁCIL — SAÚDE — SEGURANÇA — AMOR — DESCOBERTA — COMPROVAR - GARANTIA

- E não esqueça que 75% da fixação do nosso olhar é dirigida à face das pessoas que aparecem na tela da TV, do tablet ou do celular. Nada captura mais nossa atenção. É biológico. A face dos outros, desde o início da espécie, é fonte de informações vitais. É através dela que percebemos e reconhecemos amigos e inimigos. Sem esquecer que as expressões faciais contagiam nossos neurônios-espelho.

Mas é muito difícil, mesmo para publicitários brilhantes, conceber mensagens capazes de serem incorporadas à memória consciente ou inconsciente de longo prazo que tenham condições de ensejar estados emocionais relevantes nas pessoas expostas a elas. Por isso, metade de todos os anúncios veiculados não é reconhecida; outros 18%, embora reconhecidos, não são relacionados com a marca; e 12% são relacionados a marcas trocadas.

Publicitários são criadores de memórias que poucas vezes têm êxito. Aliás, ainda bem que isso acontece. Se você se lembrasse de todos os anúncios que viu apenas nos últimos sete dias, você estaria doente. Uma doença que tem nome: memória autobiográfica altamente superior. Felizmente ela só acomete um número diminuto de indivíduos. Foram diagnosticados sessenta casos em todo o mundo, 90% deles nos Estados Unidos.

Por terem uma memória ainda pior do que a nossa, as zebras economizam estresse. Na savana africana, ao divisarem a ameaça de um leão, elas são impelidas por uma descarga de cortisol a sair em disparada. Correm desenfreadamente. A maioria se salva. E quando o leão desaparece do seu campo visual some também o hormônio da aflição. Esquecidas da fera, relaxam e voltam a pastar.

Os sete pecados da memória

Para os publicitários, a memória é a condição *sine qua non* do êxito, porque ela significa a retenção, o armazenamento da informação. Você deve estar atento para o fato de que mesmo quando tecnicamente bem formulados, seus esforços podem se ver baldados por distorções inatas ao cérebro. Pelos sete fatores que o professor Daniel Schacter da Universidade Harvard batizou de "pecados da memória":

- A "transitoriedade", ou seja, o fato de que a memória, mesmo no caso do mais brilhante comercial, se desvanece ao longo de mais ou menos tempo;

- A "distração", que ocorre pela falta de atenção suficiente durante a codificação da informação, o que faz com que a recuperação de um comercial seja truncada;

- O "erro de atribuição", comumente exemplificado na associação de comerciais a marcas diferentes;

- A "sugestibilidade", que é a distorção da memória por efeitos midiáticos ou fatos posteriores associados que resultam em falsas memórias;

- O "bloqueio", quando as pessoas não conseguem evocar por completo uma palavra ou conceito e têm a sensação de que ele está "na ponta da língua";

- O "viés", ou seja, como nossas crenças influenciam nossa memória, ajudando a ressaltar ou diminuir as características do produto lembrado;

- A "persistência", algo raro, o traço doentio já comentado da avalanche de informações inúteis que teima em não se dissipar, armazenando os detalhes de muitas experiências.

Os criminalistas conhecem alguns desses traços melhor do que ninguém e por conta disso a prova testemunhal perdeu muito do prestígio de outrora diante de juízes e jurados. Uma certa "desonestidade" da memória já foi há bastante tempo descrita literariamente por Proust, e documentada cientificamente por Freud. O neurodireito, neste momento, é um campo em expansão nos Estados Unidos, e os experimentos de detecção da verdade por meios neurocientíficos, indo além dos velhos polígrafos, têm demonstrado grande nível de acurácia.

A publicidade também pode ser uma vilã e gerar falsas memórias, como vimos anteriormente no conceito de "sugestibilidade". Um estudo clássico de Loftus, Braun e Ellis realizado em 2002 mostrou que anúncios podem, eventualmente, em vez de ensejar a recuperação de experiências passadas, produzir novas memórias distorcendo o real. A pesquisa teve a participação de 167 voluntários, estudantes de psicologia da

Universidade Midwestern, nos Estados Unidos, entre homens e mulheres que haviam visitado a Disney antes dos 10 anos de idade. Eles foram expostos a anúncios publicitários do parque e perguntados sobre quais personagens se lembravam de ter visto lá, numa lista que incluía Pernalonga e Ariel. Depois, indagou-se com qual nível de certeza eles haviam apertado a mão do coelho e da princesa sereia; 16% dos participantes responderam afirmativamente em relação a Pernalonga, quando na verdade ele não pertence à Disney. Com relação à sereia, 7% responderam tê-la cumprimentado, quando, de fato, a personagem ainda não existia no local quando eles o visitaram.

O míssil da propaganda

Uma vez compreendido que a maior parte do seu anúncio, se não todo ele, vai se dissolver bem mais cedo do que tarde, só restam duas coisas a fazer. E aqui a metáfora bélica é a melhor. Seu comercial, seu anúncio, é um foguete intercontinental, às vezes grande, pesado, ocupando 60 segundos na TV ou demorando a baixar no tablet. Tudo bem. Na ogiva, o importante é o míssil que ela carrega. O importante é a mensagem central. Poderosa, com uma imagem mental emocionalmente posicionada. Ela deverá ser a sobrevivente. Batendo na porta da amígdala, invadindo o hipocampo. Articulando, adensando e produzindo novas sinapses. Deflagrando uma torrente de neurotransmissores.

O resto, a casca do foguete, se perderá, já poucos segundos ou algumas horas depois, ou será removido da mente muito provavelmente durante o sono, como todo lixo cerebral. Óbvio que o segundo mandamento da metáfora é tão importante quanto o primeiro. Mísseis iguais devem atingir o mesmo alvo muitas vezes. Afinal, a repetição também está na alma desse negócio. Para o consumidor arquivar na sua memória o seu produto ou a sua marca, a mensagem que a transmite tem de atingi-lo muitas vezes, e não só em uma campanha específica. Mas a missão só terá êxito se carregar um bom e poderoso míssil. Para perdurar, a memória, mesmo imprecisa, deve ser vívida, sentimentalmente forte, um complexo neurológico de associações no sistema emocional onde a marca ficará indexada em boa parte longe da consciência. O coração desse míssil é emocional, mas em todo sentimento a razão também comparece. Como quando usamos argumentos utilitários, uma espécie de álibi intelectual para a decisão do nosso cérebro racionalizador. Quando lhe perguntam por que comprou aquele novo modelo de carro turbinado, você não confessa que acreditou na promessa de que ele vai transformá--lo num super-homem. Você racionaliza a resposta.

Há algumas campanhas inesquecíveis lembradas até hoje. Da mesma forma se tornaram duradouras a garrafa da Coca-Cola, a estrela de três pontas da Mercedes-Benz, o "i/arroba" desenhado no ar pelo Banco Itaú, o swoosh — a seta sibilante — da Nike, a coroa do Rolex, a maçã mordida da Apple. Logomarcas arrebatadoras, é verdade, mas que só ganharam sentido e permanência porque até hoje assinam mensagens na maioria das vezes emocionalmente poderosas.

A ocitocina é campeã

Selecionamos três filmes cujas mensagens centrais apresentam um mesmo componente: associam a marca ao amor, na clave do cuidado com as crianças. Isso os ajuda a atravessar a barreira do tempo. São mensagens dirigidas ao cérebro evolutivo do espectador, que deixam as mães enlevadas, submetidas a uma descarga de ocitocina, e transformam a garotada em relações-públicas das marcas ao provocar seus neurônios-espelho.

No filme *Mamíferos*, da Parmalat, crianças fantasiadas de animais acompanhadas por um jingle de ritmo fácil, com letra envolvente, é a receita de sucesso. Um comercial que ficou para a história. Começa com um garotinho vestido de elefante sentado e brincando de frente para a câmera; depois aparecem várias crianças vestidas de animais acompanhando a letra da música. Finaliza com a imagem do gambá dando um copo de leite para a gatinha beber, perguntando a ela: "Tomou?"

Parmalat: *Mamíferos*. 30"*
Agência DM9DDB

O segundo filme, da linha de higiene da Johnson's Baby para crianças de cabelo cacheado, mostra meninos e meninas de diversas etnias com cabelo enroladinho, tomando banho, lavando a cabeça de forma divertida e cantando em coro com voz parecida à do ratinho do *Castelo Rá-Tim-Bum* — programa infantil de grande sucesso na época e que em um de seus quadros mostrava um ratinho cantando a música "Banho é bom". Só de ouvi-la, mesmo pela primeira vez, o sistema límbico de mães e garotos já era acionado com valência positiva. Mais uma vez, a fórmula acertou no alvo. Quem foi criança nos anos 1990 e não consegue completar o jingle "Eu nasci com cabelo enroladinho..."?**

Em um terceiro comercial, mães acompanham os filhos do berço ao sucesso. Intitulado *Best job*, da P&G, foi produzido para as Olimpíadas de Londres em 2012. São mães dos quatro cantos do mundo com um traço em comum: a ternura e a dedicação aos filhos.

---

* Disponível em: <https://www.youtube.com/watch?v=mZOKGQZxH2k>.

** Disponível em: <https://www.youtube.com/watch?v=x3cg5wNzsp0>.

O filme começa com a imagem delas acordando seus pequenos e lhes servindo o café da manhã. Seguem-se cenas do crescimento das crianças. Por fim, surgem as mães emocionadas com seus filhos crescidos e vitoriosos no esporte. Após a frase "o trabalho mais difícil do mundo é o melhor trabalho do mundo", vem a conclusão: "Obrigado, mãe." Foi compartilhado por quase 2 milhões de consumidores e visualizado por mais de 12 milhões. Ao usar as emoções básicas, estimula mais um banho do neurotransmissor do afeto para os cérebros maternos de todas as idades, envolvidos pela alegria do amor e do cuidado com os filhos. Tarefa tão difícil e ao mesmo tempo tão gratificante. É a ocitocina ganhando medalhas olímpicas.

P&G: *Best job.* 2'*
Agência Wieden+Kennedy

Gatilhos icônicos

Como estender no tempo ou para outros veículos o impacto de sua campanha na TV ou na web? Tempos atrás, um estudo realizado na Inglaterra mostrava que, sequenciando uma campanha com boa frequência na televisão por um período de veiculação no rádio com exatamente o mesmo áudio do comercial anteriormente veiculado, produzia-se um efeito de reconhecimento que fazia os ouvintes resgatarem as imagens do filme que haviam visto nas semanas anteriores. Estendia-se, assim, com menor custo, o impacto da campanha original.

---

* Disponível em: <https://www.youtube.com/watch?v=FLeFfJ1XuEk>.

A neuropropaganda inspirou o estudo da oOh! Media divulgado em 2015 que avançou em um caminho diferente. Os pesquisadores procuraram identificar os momentos icônicos de comerciais na TV, os mais poderosos emocionalmente, capazes de obter um registro significativo na memória de longo prazo. Foram testados sessenta comerciais em um período de dois anos para identificar os respectivos gatilhos e foi avaliada em neurotestes a capacidade de cada um deles de gerar memória de longa duração. O uso do material pinçado dos comerciais de TV em outdoors poderia, segundo os autores do estudo, aumentar em até 42% o potencial de memorização das mensagens das campanhas.

Um dos comerciais testado foi o da cervejaria australiana Carlton Draught, intitulado *Beer chase*. O filme foi considerado um dos melhores de 2012 no país. Nele, um grupo de ladrões entra num bar, pede a cerveja e joga no chão o saco cheio de dinheiro, que se abre mostrando o conteúdo. Ao olhar para o lado, eles observam que o local está repleto de policiais. Daí em diante se inicia uma perseguição a pé sem que os ladrões soltem o copo ou deixem cair uma gota da cerveja, numa brincadeira com o modelo de perseguição em carro dos filmes de ação. O comercial se encerra quando os bandidos pulam da ponte e caem num barco em festa cheio de mulheres bonitas e de cerveja.

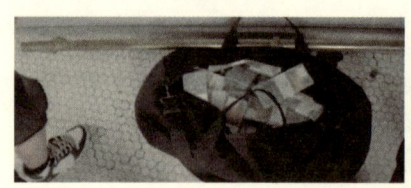

Carlton Draught: *Beer chase.* 1'30"*
Agência Clemeger BBDO

A imagem a seguir apresenta o resultado da pesquisa. Participantes do estudo assistiram ao filme monitorados por um aparelho de topografia do

---

* Disponível em: <https://www.youtube.com/watch?v=ZnNX8SsKF18>.

estado estável (SST) a fim de acompanhar o potencial de memorização de cada frame. No gráfico é apresentada a memorização potencial, em azul do lado direito do cérebro e em vermelho do lado esquerdo. Os valores, que variam entre 0,3 e 0,7 significam razoável potencial de memorização, ao passo que aqueles com valores superiores a 0,7 são momentos de forte potencial. Aparecem em destaque as imagens que, identificadas como gatilhos icônicos, ajudariam a aumentar o impacto da mídia exterior.

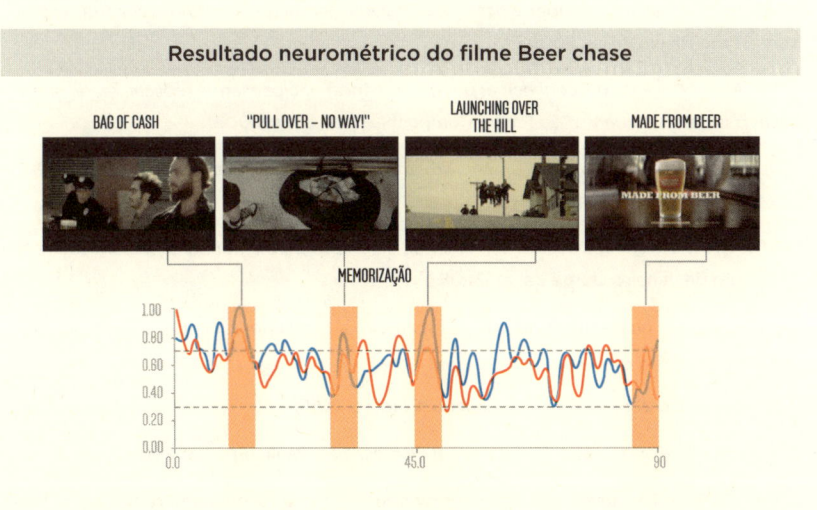

Resultado neurométrico do filme Beer chase

Como se vê a seguir, o outdoor 1 utiliza a imagem de maior memorização, quando os ladrões pulam na ladeira. Já o segundo utiliza a imagem do final do filme, em que a mão pega a cerveja. Provavelmente os neurônios-espelho de quem o viu o fizeram imaginar a cena sendo completada, aguçando o desejo pela bebida.

Outdoors com os momentos icônicos do filme

Referências

DAMÁSIO, A. *O livro da consciência: a construção do cérebro consciente*. Lisboa: Temas e Debates, 2010.

EDELMAN, G. *Wider than the sky: the phenomenal gift of consciousness*. Londres: Yale Nota Bene, 2005.

GAZZANIGA, M. *Tales from both sides of the brain: a life in neuroscience*. Nova York: ECCO, 2015.

HALPERN, S. *Can't remember what I forgot: your memory, your mind, your future*. Nova York: Three Rivers Press, 2009.

HORGAN, J. *A mente desconhecida: por que a ciência não consegue replicar, medicar e explicar o cérebro humano*. São Paulo: Companhia das Letras, 2002.

IZQUIERDO, I. *A arte de esquecer: cérebro, memória e esquecimento*. Rio de Janeiro: Vieira e Lent, 2007.

JOHNSON, S. *De cabeça aberta: conhecendo o cérebro para entender a personalidade humana*. Rio de Janeiro: Jorge Zahar, 2008.

KANDEL, E. *Em busca da memória: o nascimento de uma nova ciência*. São Paulo: Companhia das Letras, 2009.

POWELL, M. *Cérebro vivo*. Rio de Janeiro: Ediouro, 2015.

SAPOLSKY, R. *Por que as zebras não têm úlceras?* São Paulo: Francis, 2008.

SCHACTER, D. *The seven sins of memory: how the mind forgets and remembers*. Nova York: Houghton Mifflin Company, 2002.

TERRA, O. *Entenda melhor suas emoções*. Porto Alegre: Mercado Aberto, 1999.

TNS. Super Bowl 2016: Mapping ad performance on Twitter. Disponível em: <go.tnsglobal.com/super-bowl-2016-mapping-ad-performance-on-twitter>.

ZALTMAN, G. "Rethinking marketing research: putting people back in". *Journal of Marketing Research*, v. 34, n. 4, 15 nov. 1997, p. 424-37.

13

NEURÔNIOS-ESPELHO: FAÇA QUE EU TE IMITO

Era o fim do intervalo de almoço de um dia ensolarado no verão de 1994 no laboratório onde uma equipe de neurocientistas da Universidade de Parma, Itália, pesquisava as reações cerebrais de macacos Rhesus. O experimento era relativamente simples. Através de eletrodos aplicados ao córtex pré-motor dos animais, que controla os movimentos do corpo, investigava-se que áreas eram ativadas à medida que determinadas tarefas eram executadas. Na volta do almoço, um jovem membro da equipe entrou no laboratório saboreando uvas-passas. Logo a atenção dos cientistas que retornavam ao trabalho foi despertada para algo até então insuspeitado. Ao olharem, por acaso, para alguns macacos, eles perceberam que os neurônios pré-motores dos primatas disparavam tal como nos testes realizados. Era como se os macacos que estavam apenas olhando também estivessem se alimentando.

Algum tempo depois, pesquisadores em Groningen, Holanda, e na Califórnia, Estados Unidos, descobririam que, além da visualização, os já então batizados neurônios-espelho dos macacos também se viam ativados quando se ouvia um som previamente codificado, como o de uma casca de amendoim se quebrando. Ou seja, eles são audiovisuais.

Foi um marco para a neurociência. O passo a seguir viria da constatação de que a mesma reação podia ser observada entre nós, humanos, e que nossos neurônios-espelho são naturalmente mais sofisticados que os dos primatas. Tal como concluíram Giacomo Rizzolatti e Vittorio Gallese, da Universidade de Parma, os descobridores dessa categoria de neurônios, acompanhados dessa vez por um time internacional de pesquisadores. Eles constataram que sob estímulo indireto da leitura de sentenças descritivas de algumas ações, os neurônios-espelho disparados são exatamente os mesmos de quando experimentam ou observam alguém realizando os mesmos atos. Mobilizamos as mesmas áreas cerebrais quando desenvolvemos uma ação, quando assistimos a outros praticarem uma ação semelhante, e até quando nos imaginamos realizando-a.

Mais adiante, estudos de imagem, através de ressonância magnética funcional (*f*MRI) e de tomografia por emissão de pósitrons (PET), mostrariam a abrangência espacial dos neurônios-espelho. Foi mapeada a sua presença em áreas variadas, como a parte anterior da ínsula, de áreas frontoparietais, o córtex pré-motor e o giro frontal inferior.

Neurônios-espelho em ação

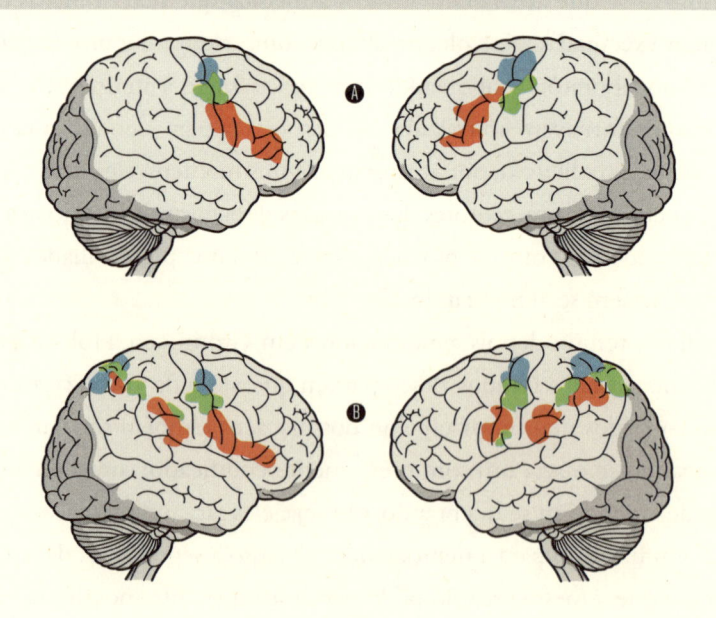

Ganhou destaque uma concentração especial deles, na área situada no lobo frontal, que Paul Broca, em meados do século XIX, descobrira ser associada à linguagem oral e à compreensão da comunicação gestual. Assim, a área de Broca, como é denominada, também é ativada pela observação das ações dos outros devido a essa presença de neurônios-espelho. Antes, a ciência trabalhava com a hipótese de que o cérebro investia em complexos processos de pensamento lógico para prevenir e interpretar as ações alheias.

A empatia nos faz humanos

David Dobbs, um jornalista dedicado à divulgação da neurociência, conta que riu até chorar quando, ao estirar a língua para o filho mais novo ainda nas primeiras horas de vida, este imediatamente repetiu o gesto. O psicólogo Andrew Meltzoff, especialista em desenvolvimento infantil, conseguiu uma proeza. Um bebê nascido há apenas 42 minutos lhe estirou a língua de volta.

Essa capacidade, conferida pelos neurônios-espelho, de captarmos e entendermos as ações e intenções dos outros, de observarmos e mimetizarmos o comportamento dos que nos cercam, foi de certa forma uma chave do sucesso da nossa espécie.

No desenvolvimento infantil esse mecanismo é vital. O espelhamento começa praticamente quando nascemos. Daí para a frente, prestar atenção nos adultos e crianças ao nosso redor e paulatinamente nos aperfeiçoarmos em imitá-los é basicamente a saga do crescimento. Assim como será durante toda a vida. A imitação termina sendo uma espécie de ferramenta social e emocional carregada de conteúdo afetivo e comunicacional. Choramos ou chegamos perto disso assistindo a filmes, peças ou novelas dramáticas, mesmo sabendo o tempo todo que se trata de pura ficção, em um exercício involuntário de alteridade. Na verdade, nosso cérebro está reproduzindo o padrão neural do choro. O mesmo acontece ao abrirmos um sorriso diante de pessoas sorrindo, ao bocejarmos estimulados pelo bocejo alheio e quando somos contagiados pelo bom ou mau humor das pessoas a nossa volta. Algumas vezes apenas "treinamos" o comportamento na nossa mente, sem imitá-lo de fato.

A partir da base biológica desse processo, os neurônios-espelho, a empatia nos fez humanos, dotando-nos da capacidade especial de nos transportarmos para o lugar dos outros, mimetizando sentimentos até mesmo quando "eles" são sabidamente irreais, como na dramaturgia. O conceito, fundamental para a comunicação, traduz a habilidade para imaginar e entender o que se passa no quadro de referências emocionais dos outros. Uma característica essencial que aproxima os indivíduos, construindo e mantendo as redes sociais.

Um experimento na Europa, em 2003, usando imagens de fMRI concluiu que ao experimentarmos pessoalmente o sentimento de nojo ou ao vermos os sinais de nojo expressos na fisionomia de alguém, o mesmo conjunto de neurônios-espelho é acionado na ínsula, segmento cortical que limita e separa os lobos frontal e temporal e sintetiza informações de experiências como nojo e dor.

Em 2005, na Universidade da Califórnia, nos Estados Unidos, outra pesquisa deu mais um passo significativo na compreensão desses neurônios. Foram utilizados voluntários que assistiram a filmes com pessoas em torno de uma mesa de chá — umas apanhando o bule; outras, as xícaras; outras, o creme; outras pegando biscoitos. As imagens identificaram que os neurônios-espelho trabalhavam divididos em conjuntos com funções bem específicas. Alguns eram acionados sob o estímulo da visão das diversas atividades, enquanto outros eram disparados dependendo de que ações o contexto sugeria. Por exemplo, se a xícara de chá estava cheia para ser levada à boca, um conjunto era mobilizado, mas se a xícara estava vazia e as travessas pareciam precisar de limpeza, era acionado outro conjunto. Ou seja, os neurônios-espelho jogam um importante papel também na percepção de intenções, o que vai além da simples compreensão do outro, permitindo-nos dessa forma construir relações sociais. São eles que nos permitem entender por que os "reality shows" se tornaram uma febre na televisão, com a Nielsen estimando que ocupem mais da metade da programação dos canais em todo o mundo. Quanto mais parece espontâneo, real ou pouco produzido o desempenho dos participantes, mais os espectadores compartilham seus sentimentos, dividem suas angústias e alegrias. Sentem-se, literalmente, dentro do show da TV.

A emoção que a gente nunca esquece

Muito antes que a ciência viesse a conhecer os neurônios-espelho, a publicidade já intuíra a importância da inclusão do recurso da exemplaridade no seu esforço de indução ao consumo das marcas. Nada é tão eficiente quanto a imagem bem filmada do consumo de um produto. A visão do gole da cerveja saboreada pelo personagem famoso, que o Conar proibiu. O sabonete que desliza na pele sedosa da atriz. O carro de linhas quase sensuais pilotado aos olhos do espectador.

É possível imaginar o quanto os neurônios-espelho das adolescentes brasileiras eram disparados diante de uma cena que entrou para a história da propaganda. Uma adolescente, com o corpo ainda em desenvolvimento, no frescor da pouca idade, experimenta uma peça íntima.

Valisere: *Meu primeiro sutiã*. 1'30"*
Agência W/GGK

---

* Disponível em: <https://www.youtube.com/watch?v=e9jOiECidug>.

O comercial idealizado por Washington Olivetto em 1987 contou com o apoio de duas redatoras, Camila Franco e Rose Ferraz, que escreveram o roteiro em 24 horas. Segundo ele, "o filme foi um sucesso estrondoso. Foi o primeiro a possuir uma 'pegada' mais afetiva, um artifício que acabou marcando a publicidade brasileira". Ao lado de *Hitler*, da *Folha de S. Paulo*, o filme entrou para a seleção de *Os 100 melhores comerciais de TV de todos os tempos*, publicado por Bernice Kanner. Ele começa com uma aula de ginástica na escola. Corta para a cena de uma pessoa colocando uma caixa de presente sobre uma cama num quarto de menina. Volta para a escola, onde as garotas estão se trocando no vestiário. Todas mudam de roupa sem problema e apenas uma delas se esconde com vergonha por não ter um sutiã. Ela retorna ao seu quarto chateada, até perceber o presente. Ao ver o sutiã, muda o humor e vai se olhar no espelho, encantada com a peça. O filme encerra com a menina caminhando na rua, agora feliz e confiante. Qual adolescente, a partir desse estímulo poderoso, não passou a sentir que precisava desesperadamente comprar ou ganhar o produto da Valisere para ser o seu primeiro, ou mesmo o segundo sutiã?

Imaginar é como experimentar

A capacidade dos neurônios-espelho de mobilizar o nosso cérebro a completar uma ação imaginada ou sugerida também é a chave para entendermos a eficácia de um comercial da marca de cerveja Antarctica Subzero, veiculado no segundo semestre de 2015.

O filme faz uma brincadeira com as regras da propaganda brasileira aplicadas às bebidas alcoólicas, segundo as quais é proibido que apareçam pessoas experimentando o produto. As normas não podiam prever que a agência de publicidade as burlaria na prática com o apoio desses neurônios tão espertos.

No filme, os espectadores são convidados a completar no piloto automático a abertura da lata, ou o primeiro gole no copo já servido, ação que esteve prestes a acontecer por quase 15 segundos, um quarto do comercial. Precisaria mesmo aparecer o gole da cerveja? Neuropropaganda 1 x Conar 0.

Antarctica Subzero: *Gostosa além da conta.* 60"*
Agência AlmapBBDO

Eu também vou

Em junho de 2013 as ruas foram tomadas pelos brasileiros, sobretudo jovens, em uma sequência de manifestações que não se via desde as passeatas do "Fora, Collor", o movimento pelo impeachment do primeiro presidente eleito após a redemocratização do país. Pelo seu relativo ineditismo e pela heterogeneidade de bandeiras e de participantes que também as tornaram diferentes das grandes concentrações em oposição à presidente Dilma Rousseff no segundo mandato, jornalistas, cientistas sociais e políticos têm se esforçado em tentar entender o seu significado, e muito já se refletiu a respeito.

Afinal, ninguém previra aquele vendaval. Presidente, governadores e prefeitos ficaram atônitos. Os analistas também. Pesquisas realizadas poucos meses antes haviam registrado uma aprovação ao desempenho da presidente entre os jovens (16 a 24 anos) ainda levemente superior ao total dos brasileiros: 80% contra 79%, conforme o Ibope medira em março. Aparentemente, melhor impossível.

Quando veio a tempestade, os próprios jovens, grandes protagonistas do movimento, estavam atordoados com tudo aquilo e não conseguiam

---

* Disponível em: <https://www.youtube.com/watch?v=wyUj9mc_x6o>.

identificar um único responsável por sua insatisfação. Em levantamento do mesmo instituto, com respostas múltiplas, de 20 de junho de 2013, embora 63% das menções, coerentemente com os noticiários, tenham citado os aumentos de tarifas como principais motivadores das manifestações, iguais 63% apontaram a ausência ou má qualidade dos serviços públicos; 53% indicaram a insatisfação com os governantes e os políticos em geral; 41% apontaram a corrupção como fator decisivo; 20% responsabilizaram a inflação; o repúdio à Fifa e à Copa do ano seguinte eram a justificativa para 15%; e a violência policial foi a vilã citada por 3%.

A análise dos números sintetizou o diagnóstico em um par de problemas: a crise de representação e a insatisfação difusa com a oferta dos serviços públicos, agravada pela percepção de desperdício e suntuosidade nos gastos voltados à Copa do Mundo do ano seguinte. Nessa perspectiva, o aumento dos transportes funcionara apenas como uma espécie de gatilho.

Porém, no tocante aos estímulos comunicacionais que mobilizaram milhões de pessoas em todo o país — em diferentes lugares, independentemente de ter havido ou não em cada um deles aumento de tarifas —, as análises nunca foram muito além de chamar atenção para o papel desempenhado pela internet, com destaque para as redes sociais.

Que as redes foram importantes não há como negar. Foram importantes no Brasil, como haviam sido nas manifestações da Primavera Árabe; nas manifestações espanholas que ficaram conhecidas como Movimento 15-M; ou no Ocuppy Wall Street norte-americano. Porém, houve algo mais. Algo que exerceu uma influência avassaladora no início das manifestações, atingindo um grande público e o tornando potencialmente disponível para ser mobilizado pelos canais on-line. Algo que literalmente arrastou para as ruas aquela quantidade de jovens.

Durante semanas, desde 8 de maio, uma campanha da empresa automobilística Fiat, veiculada na televisão, no rádio e nos principais portais da internet brasileira, tinha convocado os jovens a ocuparem as ruas das cidades. Sob o slogan "Vem pra rua", um belo comercial de 60 segundos, com um jingle que emanava entusiasmo e rebeldia, acompanhado de um visual convincente, massageava os neurônios-espelho da juventude, fazendo uma convocatória irresistível.* O filme foi criado no contexto de uma estratégia de marca que pretendia convocar os brasileiros a participarem dos eventos esportivos, a começar pela Copa das Confederações em 2013 e indo até as Olimpíadas de 2016.

Este foi o estopim neural. Logo a seguir, com a cobertura maciça dos eventos na televisão, estava entregue a segunda e maior onda de estímulos. Novas levas de manifestantes foram repetir nas ruas a insubmissão que os telejornais apresentavam sem parar.

Na terceira fase das manifestações a cobertura das TVs mostrava que os "black blocs" haviam assumido o protagonismo das passeatas, buscando deliberadamente o conflito com a polícia. Agora, o medo da violência, refletido na angústia dos depoimentos nos telejornais dos participantes pacíficos, funcionou como uma espécie de "Sai da rua" e ajudou a esvaziá-las em massa. A essa altura a Fiat já retirara seu filme do ar. Em comunicado à imprensa, negou que a iniciativa se devesse ao fato de a música-tema da campanha, gravada pelo músico Falcão, do grupo O Rappa, ter se tornado uma espécie de grito de guerra dos manifestantes. "Vem pra rua" se tornaria dois anos depois o nome escolhido para um dos movimentos mais aguerridos nas mobilizações contra o governo da presidente Dilma Rousseff.

---

* Disponível em: <https://www.youtube.com/watch?v=RCR68eAYrvk>.

Referências

BINKOFSKI, F.; BUCCINO, G. *A imitação pode curar. Neurônios-espelho nos permitem simular internamente as ações dos outros.* 4. ed. São Paulo: Mente e Cérebro, 2007.

CATTANEO, L.; RIZZOLATTI, G. "The mirror neuron system". *Arch Neurol*, 2009, v. 66, n. 5.

COOK, R. et al. "Mirror neurons: from origin to function". *Behavioral and Brain Sciences*, n. 37., 2014, p. 177-241.

DOBBS, D. "A revealing reflection: mirror neurons seem to affect everything from how we learn to speak to how we build culture". *Scientific American Mind*, mai.-jun. 2006.

EKMAN, P.; DAVIDSON, R. *Voluntary smiling changes regional brain activity*. Thousand Oaks: Psychological Science, 1993.

GALLESE, V. "From grasping to language: mirror neurons and the origin of social communication". *Towards a Science of Consciousness*, v. 3, 2015.

LAMEIRA, A.; GAWRYSZEWSKI, L.; PEREIRA, A. "Neurônios-espelho". *Psicologia USP*, v. 17, n. 4, 2006.

LAMETTI, D. "Mirroring behavior: how mirror neurons let us interact with others". *Scientific American*, jun. 2009.

MITRA, S.; KAVOOR, A. "Selling through 'reflections': mirror neurons and anthropomorphic advertisements". *International Journal of Emergency Medical Health and Human Resilience*, n. 2, 2014.

PESQUISA CNI/IBOPE. Pesquisa de avaliação de governo. Brasília: CNI, jun. 2013.

PESQUISA IBOPE. Pesquisa de opinião pública sobre as eleições 2014. Job: 0356. São Paulo: Ibope, jun. 2013.

RENHA, J. *A propaganda brasileira depois de Washington Olivetto*. São Paulo: Leya, 2013.

RIZZOLATTI, G.; FOGASSI, L.; GALLESE, V. "Mirrors in the mind". *Scientific American*, v. 295, n. 5, nov. 2006, p. 54-61.

14
OLFATO: O AGENTE AVANÇADO DAS EMOÇÕES

O escritor francês Marcel Proust entendeu a ligação entre olfato e memória muito antes que a neurociência desse os primeiros passos. Com pouco mais de 30 anos, ele vivia confinado a seu quarto quando começou a escrever o clássico *Em busca do tempo perdido*, na primeira década do século XX. Proust sofria de um quadro de asma tão agudo que não lhe permitia sair de casa. Sem muitas opções, começou a escrever sem parar, remexendo suas próprias lembranças. E descobriu que este exercício era um fantástico passatempo. O autor contou com uma intuição fora de série para perceber que as emoções estão intimamente ligadas ao olfato, e ao paladar. Saborear um biscoito do tipo *madeleine* enquanto bebia um chá de folha de tília permitiu que Marcel, personagem e escritor, voltasse no tempo, acessando as memórias mais profundas.

O olfato é o único dos sentidos que se conecta diretamente com o sistema límbico e muito intimamente com o hipocampo, que é o mais importante centro da memória. Todos os outros sentidos fazem uma via diferente, passando primeiro pelo tálamo, que recebe os inputs sensoriais e manda as mensagens para o córtex, o cérebro racional. Desta forma, as emoções despertadas pelo olfato estão em uma região de difícil acesso. Os odores se fixam no cérebro humano de forma duradoura e são armazenados como memórias emocionais ligadas aos contextos marcantes da nossa vida. Se sentirmos novamente esses cheiros, reviveremos tudo aquilo que havíamos vivenciado.

Localização do bulbo olfativo no cérebro

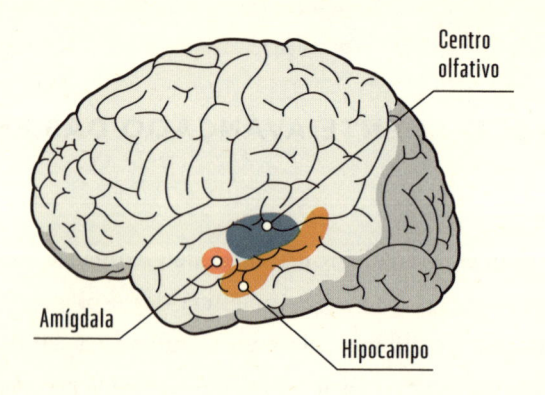

Centro olfativo
Amígdala
Hipocampo

A primeira resposta do cérebro ao odor é decidir se gosta ou não. O olfato vai ativar a amígdala que, por sua vez, irá determinar se o odor é familiar, prazeroso, agradável, perigoso ou inofensivo. Dependendo desta qualificação, diferentes circuitos são ativados. Se tiver relação com emoções positivas, familiares, memórias prazerosas, o estímulo será enviado através da via principal para o córtex pré-frontal. Caso contrário, será enviado diretamente ao hipotálamo, através da via secundária, para uma resposta mais instintiva, do tipo ataque-fuga, acionando o sistema nervoso autônomo.

O acesso privilegiado à memória faz com que o olfato seja estratégico para a neuropropaganda. Assim como um agente pode conseguir os melhores testes da cidade e aumentar as chances de êxito profissional de um ator, o olfato é o agente que nos leva direto às emoções da mente, no mais íntimo que alguém pode guardar, a sua própria memória.

Ah, o cheirinho de carro novo!

Faça um teste simples: tente se lembrar do cheiro do primeiro carro novo que você comprou. É muito provável que você tenha conseguido recordar não apenas o odor, mas também experiências, pessoas, emoções passadas e, inclusive, o carro em questão. Mas cientificamente não existe cheiro de carro novo. Normalmente, um carro novo, recém-saído da fábrica, é quase inodoro. Em pesquisas de mercado, a característica dos carros novos mais apreciada pelos consumidores é o cheiro. Nos EUA, este percentual chega a 84%. Número muito acima do de qualquer outra característica, como bancos de couro, rodas de liga leve, ou ainda o design atraente e um motor de grande potência. A descoberta de que sentir o cheiro de carro novo é fundamental para a indústria automobilística ocorreu décadas atrás.

O cheiro de carro novo não tem relação alguma com qualquer característica de um bom automóvel, como conforto, segurança, desempenho etc. Mas o cheiro característico — mesmo que produzido artificialmente — tem o poder de despertar na grande maioria das pessoas o prazer de comprar. Um estudo da Universidade Rockefeller, em Nova York, mostrou que, em média, uma pessoa consegue se lembrar de 35% dos odores a que foi exposta. Os números são bem inferiores para a memória de outros sentidos: 5% da visão, 2% da audição e 1% do tato. Exclui-se o paladar desta avaliação, pois é um sentido por demais influenciado pelo olfato. A experiência do paladar sem a sensação olfativa praticamente inexiste. É bom lembrar também que a memória consegue reter até 10 mil aromas, o que é muito se pensarmos que só identificamos duzentas cores diferentes.

Atualmente, todas as montadoras possuem um perfume que caracteriza seus carros novos. A Mitsubishi levou esta sensação para uma campanha, em 2008. A fragrância foi utilizada em anúncios de jornais. Resultado: o carro Lancer Evo X se esgotou em duas semanas e as vendas da empresa cresceram 16%, mesmo durante o auge da recessão americana.

Mitsubishi Lancer: *"Lancer EX"*. Anúncio de Jornal
Agência OMD

Café da manhã em Seul

Em 2012, a Dunkin' Donuts precisava convencer os coreanos de que vendia os melhores cafés. Mas havia um problema: a marca é vista como uma vendedora de rosquinhas. Em Seul, considerada a "cidade do café" pela paixão de seus moradores pela bebida, a empresa simplesmente não conseguia conquistar uma fatia significativa do mercado. Os publicitários, então, criaram uma campanha que atingiu em cheio o olfato dos moradores da cidade.

Dunkin' Donuts: *Flavor radio.*
Mídia alternativa
Agência Cheil Worldwide

Foram utilizadas duas plataformas: rádio e fragrância no ambiente. Toda vez que o spot da marca era veiculado no interior dos ônibus — falando dos deliciosos cafés vendidos na Dunkin' Donuts —, aromatizadores instalados neles exalavam um delicioso cheiro de café fresco. Nas primeiras horas do dia o efeito era imediato: passageiros ainda sonolentos, indo trabalhar ou estudar, acordavam com o odor, que traz sensação energizante para os amantes de café. Os publicitários ainda fizeram mais: além de darem preferência na escolha de linhas de ônibus que passavam por lojas Dunkin' Donuts no trajeto, colocaram anúncios nos pontos de parada do percurso. Estima-se que mais de 350 mil pessoas foram atingidas pela campanha. O número de visitantes das lojas aumentou 16%, em um mês. Neste mesmo período, as vendas cresceram 29%.

Farejando o cliente

Até agora falamos do nosso olfato como mecanismo emocional. Mas para encerrar lembremos que, além do olfato humano, o dos cães, bastante aguçado, também pode ser despertado para atingir seus donos.

Pedigree: *Wuff rrwaff wau!* **Outdoor**
Agência PKP BBDO

A tradicional indústria de alimentos para cães Pedigree, conhecida mundialmente como "marca que ama cachorros", apostou no faro deles para comunicar o lançamento de um produto da linha. Em Viena, na Áustria, foi desenvolvido um pequeno outdoor, instalado próximo ao chão, acessível para os cães, que exalava uma essência adorada pelos pets. A mecânica era simples. Cada vez que um cão passava pelo local, parava e cheirava o outdoor. E, assim, o dono se via forçosamente impactado pela propaganda.

Referências

DEBIEC, J.; LEDOUX, J.; NADER, K. "Cellular and systems reconsolidation in the hippocampus". *Neuron*, n. 36, 2002, p. 527-38.

HERZ, R.; SCHOOLER, J. "A naturalistic study of autobiographical memories evoked by olfactory and visual cues": testing the Proustian hypothesis. *The American Journal of Psychology*, v. 115, n. 1, 2002, p. 21-32.

HUFFINGTON POST. "Dunkin' Donuts Flavor Radio: chain releases coffee scent when ads play in South Korea". Veiculado em: 31 jul. 2013. Disponível em: <www.huffingtonpost.com>.

LEHRER, J. *Proust foi um neurocientista*. Rio de Janeiro: BestSeller, 2010.

LORIG, T. "The application of electroencephalographic techniques to the study of human olfaction: a review and tutorial". *International Journal of Psychophysiology*, n. 36, 2000, p. 91-104.

MURTHY, V. "Olfactory maps in the brain". *Annual Review of Neuroscience*, v. 34, 2011, p. 233-58.

ROBINSON, J. "Austrian billboard companies use doggy smells at the base of signs so that their owners will be forced to linger". Veiculado em: 5 jun. 2014. Disponível em: <www.dailymail.co.uk>.

PREÇO: VALE TANTO QUANTO O CÉREBRO QUER

Uma mulher acaba de entrar na joalheria e se deslumbra com um colar de diamantes. A seguir olha o preço na vitrine. O jogo já começou. O preço ativa várias áreas do cérebro em diferentes níveis e momentos. O núcleo accumbens (NAcc) é o centro de recepção da dopamina e modula o prazer e o desejo, opondo-se à ínsula, que cria a sensação de perda. A seguir entram em ação os córtices, que funcionarão como espécies de juízes, modulando e racionalizando o processo da compra. Esta equação responderá se o preço surtiu o efeito desejado no cérebro do consumidor. Quanto mais ativo está o núcleo accumbens, maior o desejo. É o primeiro impulso, aquele que arrebata o sentimento, faz o coração acelerar e desperta a vontade de comprar.

Um produto caro, como uma joia, irá ativar também o córtex orbitofrontal, que é a parte onde percebemos que o objeto trará mais prazer que outros. E o cérebro sempre é fascinado por produtos de luxo, pois eles turbinam a autoestima.

Porém, uma outra região poderá ser influenciada negativamente pelo preço: a ínsula, que é a parte do cérebro responsável pelo sentimento de aversão à perda. A possibilidade de perder milhares de reais em uma compra é uma ativadora da ínsula. É muito importante lembrar que ela é também estimulada quando se passa por uma crise de abstinência ou quando vemos uma cena repulsiva. Por sorte da loja de joias, uma quarta área pode entrar em cena e ajudar o núcleo accumbens, fazendo a consumidora decidir pela compra. O córtex pré-frontal, a região do cérebro responsável pelas decisões racionais, começa a calcular vantagens e desvantagens da compra, o valor real do objeto e a relação custo-benefício. O córtex pré-frontal começa a influenciar a ativação das outras áreas.

Para que alguém decida comprar a joia, foi preciso que a ativação do núcleo accumbens fosse alta o suficiente para reduzir o estresse causado pela ativação da ínsula. E, neste caso, a ação dos córtices, pré-frontal e orbitofrontal, favoreceu a sensação de desejo em detrimento da ação estressora insular. O cérebro racional da consumidora precisa considerar que o preço é razoável para o prazer que terá quando as amigas morrerem de inveja do colar.

O preço do cérebro: um best-seller em promoção

Um consumidor comum não faz ideia do custo de fabricação de um produto, tampouco qual é a margem de lucro da loja. Quase ninguém consegue comparar as margens associadas de diferentes produtos, sejam helicópteros ou canetas esferográficas. Mas o cérebro do consumidor estabelece um "preço". E a mente consumista não conhece os limites para valores máximo e mínimo a serem pagos. A avaliação do preço "justo" sempre será dada de uma forma que envolve muito mais a emoção do que qualquer racionalidade.

Se o preço é, de certa forma, uma criação do cérebro consumista, precificar é saber fazer emoção e matemática andarem juntas, em benefício das vendas. Não é à toa que especialistas em marketing têm estratégias simples — muito eficazes — de preço em supermercados: os itens mais comprados ficam muitas vezes em promoção. Observe que leite, ovos, banana, cerveja e carnes mais baratas quase sempre estão com abatimentos. O consumidor, quando encontra estes pequenos descontos, fica com a impressão de que tudo está mais barato.

O cérebro trabalha quase sempre em piloto automático, e o impulso de compra pode ser estimulado. Veja outra estratégia dos supermercados sobre os preços. As promoções, mesmo que ínfimas, devem ser claramente visualizadas e rapidamente entendidas. Imagine que uma garrafa de vinho português custava R$ 43,85 e, na promoção, saia por R$ 41,75. Agora, pense que a garrafa podia custar R$ 44 e depois R$ 42. A promoção é muito mais clara e atrativa no segundo exemplo. A não ser que você pare, pense ou pegue uma calculadora antes de avaliar a promoção.

Uma das pesquisas mais importantes em neuroeconomia comportamental coincidentemente tem a ver com vinhos, e foi feita, em 2008, pelo grupo liderado por Hilke Plassmann, John O'Doherty, Baba Shiv e Antonio Rangel, do Instituto de Tecnologia da Califórnia (Caltech) e da Universidade Stanford, nos Estados Unidos. O estudo mostra como o preço pode influenciar o sabor de um vinho.

Decidir qual deles escolher é, quase sempre, uma tarefa que exige alguns conhecimentos prévios, como tipos de uvas, países produtores, reputação das vinícolas, melhores safras, combinação com pratos etc. A maioria dos consumidores não tem tantos conhecimentos para poder avaliar o preço justo para cada garrafa que é vendida em um supermercado, loja virtual ou restaurante. Há até revistas e críticos especializados que ajudam nestas avaliações dando notas, mas vamos nos ater aos consumidores comuns.

Imagine que está visitando pela primeira vez um restaurante. Você abre a carta de vinhos e, apesar de entender o que está escrito — os países produtores e as uvas, basicamente —, não conhece os rótulos. Tampouco ouviu falar daqueles vinhos. O garçom, então, faz uma sugestão: "para acompanhar o cordeiro ao molho de hortelã com ervas finas, recomendo este Malbec de Mendonza; caso o senhor prefira o macarrão com frutos do mar ao molho de tomate, pode escolher esta garrafa de Sauvignon Blanc". Foi possível compreender as sugestões do garçom, mas na carta há ainda uma série de garrafas de uva Malbec, de outras vinícolas e países. Supondo que você gosta muito de vinho, qual escolheria?

Áreas do cérebro ativadas pelo preço

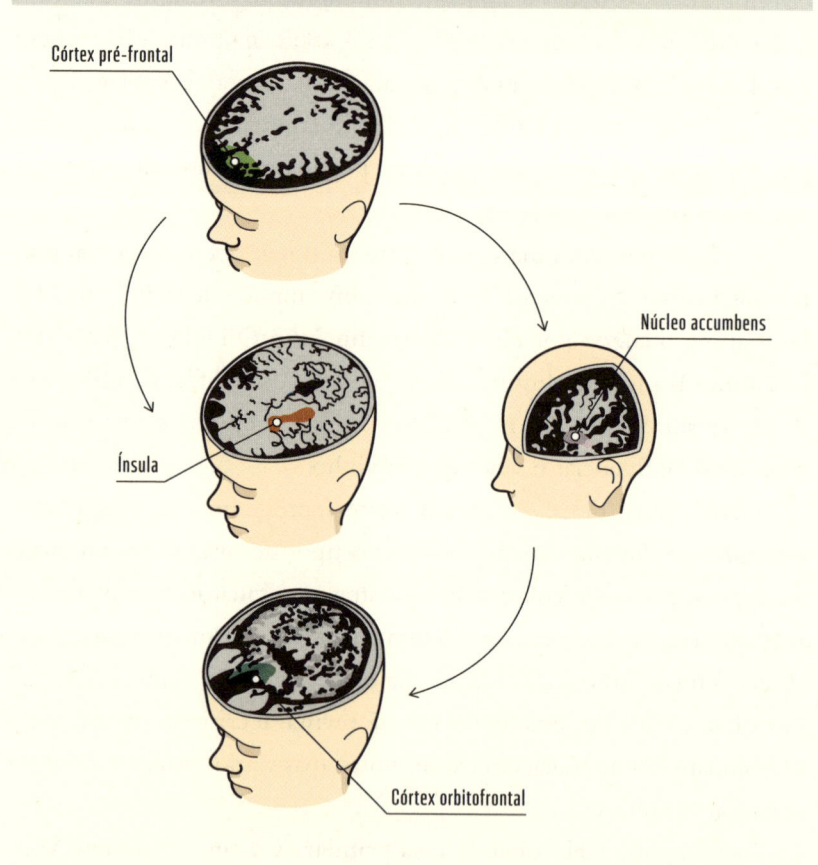

- Córtex pré-frontal
- Ínsula
- Núcleo accumbens
- Córtex orbitofrontal

O que a pesquisa de Stanford e da Caltech nos mostra é que o cérebro relaciona preço a qualidade. Mais do que isso, o estudo comprovou que o preço pode alterar a sensação de prazer durante o consumo. Os pesquisadores convidaram voluntários que apreciavam e consumiam vinhos tintos com frequência, mas não eram estudiosos, tampouco profundos conhecedores. Eles deveriam provar cinco tipos diferentes de vinhos, da uva Cabernet Sauvignon, numa degustação que serviria para relacionar a idade da bebida com o sabor. Porém, a única informação que os participantes tinham era o preço da garrafa.

Na verdade, provariam apenas três vinhos diferentes, que custavam US$ 5, US$ 35 e US$ 90. O vinho que custava US$ 5 foi apresentado duas vezes, uma com seu preço real, na outra custando US$ 45. O vinho que custava US$ 90 também foi servido duas vezes, uma com o preço real, e outra com o preço falso de US$ 10. O vinho de US$ 35 foi apresentado apenas uma vez. Após a degustação, os participantes deveriam avaliar somente o sabor de cada vinho.

O estudo mostrou que os voluntários conseguiram sentir cinco diferentes sabores de vinhos e, quanto maior o preço, maior ação do córtex orbitofrontal, ou seja, maior a percepção de prazer. Nesse caso, o preço "determinou" a qualidade.

O preço para enfrentar o medo

Uma outra área do cérebro muito importante na hora das compras é a amígdala, que funciona como um radar de perigo. Para ela, qualquer tipo de produto pode significar algum risco à saúde. Este é o primeiro motivo para o sucesso e as grande margens de lucro de produtos ecologicamente corretos.

Veja o exemplo do selo "orgânico". A começar pelo nome, que é uma excelente sacada publicitária, pois em princípio qualquer produto agrícola — com ou sem agrotóxico — é orgânico. A indústria, portanto, se apropriou da qualidade do nome que nos remete à natureza, simplicidade e pureza. Cientificamente, não há comprovação de que o uso de agrotóxicos nas lavouras possa comprometer a saúde do consumidor, mesmo considerando a presença de resquícios desses produtos nos alimentos. Também não há lógica no argumento de que a produção é mais cara. Na verdade, há estudos que comprovam exatamente o contrário: lavouras convencionais transformadas em orgânicas em países em desenvolvimento têm produtividade 93% maior. E parar de trabalhar com monocultura e agrotóxicos normalmente deixa o solo mais fértil.

Ministério da Agricultura: *Orgânicos.*
Anúncio de revista
Agência SLA

O anúncio do Ministério da Agricultura incentiva o consumo de alimentos orgânicos. A publicidade ativa a amígdala porque apela para a saúde dos filhos e dos netos. Na verdade, o cérebro entra nesse jogo: para acalmar a amígdala, o córtex pré-frontal e o córtex orbitofrontal preferem os orgânicos e acham que preços maiores são adequados.

No Brasil, um produto com selo de orgânico é normalmente 30% mais caro do que aqueles produzidos com agrotóxicos. Segundo o Ministério da Agricultura, em 2014, o mercado brasileiro do segmento movimentou cerca de 2 bilhões de reais, e pretende chegar a 2,5 bilhões em 2016, crescendo 25% ao ano. A preocupação com a saúde e em evitar doenças é um excesso de zelo da amígdala, e está longe de ser uma reação racional; é uma estratégia de sobrevivência que nos acompanha há milhares de anos. Porém, áreas racionais do cérebro têm ligações íntimas com o sistema límbico, onde está a amígdala. Assim, os produtos orgânicos, além dos selos, certificados e aprovações de órgãos governamentais e associações civis, "precisam" custar mais para serem calmantes eficazes. O preço mais baixo, em um produto aparentemente muito superior, não seria convincente.

Referências

ECONOMIST. "The good consumer". Veiculado em: 17 jan. 2008. Disponível em: <www.economist.com>.

GOLEMAN, D. *Foco: a atenção e seu papel fundamental para o sucesso*. Rio de Janeiro: Objetiva, 2014.

HILKE PLASSMANN, H. et al. "Marketing actions modulate the neural representation of experienced pleasantness". *Proceedings of the National Academy Science*, n. 105, 2008, p. 1050-54.

MONTAGUE, P. *Your brain is (almost) perfect: how we make decisions*. Nova York: Plume, 2006.

SANTOS, G. "Com novos hábitos, alimento orgânico ignora crise e segue em expansão". Veiculado em: 30 jul. 2015. Disponível em: <www.folha.uol.com.br/mercado>.

THUSWOH, M. "Produção orgânica também enfrenta questionamentos". Veiculado em: 19 mai. 2014. Disponível em: <www.oeco.org.br>.

VALOR ECONÔMICO. "Agricultura orgânica deve movimentar R$ 2,5 bilhões no país em 2016". Veiculado em: 30 set. 2015. Disponível em: <www.valor.com.br>.

16

**QUALIDADE COMO *DRIVER*:
REAL OU IMAGINADA**

A qualidade depende da interpretação e do sentimento do consumidor. O cérebro ajusta os padrões para aceitar evidências em favor de suas conclusões preferidas. Esta repetição de preferências e escolhas é um instrumento criado e motivado pelo próprio cérebro, desde o consumo de itens de luxo até quando vamos decidir qual prato escolher na hora do almoço. Ele costuma valorizar a visão individual de mundo, ajustando e colocando em evidência fatores que corroboram a própria opinião e até mesmo ignorando fatos desfavoráveis. A qualidade que enxergamos no que compramos tem sempre um valor intangível que se sobrepõe a questões racionais.

No início deste século, as compras pela internet explodiram. Todos os tipos de lojas começaram a abrir comércio virtual, e o número de vendas aumentou exponencialmente. Quando tudo começou, muitos ainda não atraíam o grande público. Na maioria das vezes, o consumidor não confiava em pagar e esperar a entrega depois. E foi nessa mesma época que nasceu o Buscapé, o maior site de comparação de preços da América Latina. A ideia foi perfeita: poder comparar preços de um mesmo produto, com uma busca simples, é muito importante para acalmar a ínsula, área do cérebro que cria aversão a gastar dinheiro. O simples ato de poder comparar os preços e, consequentemente, avaliar o valor de mercado do produto já é um razoável incentivo ao consumo.

Site de comparação de preços Buscapé

A empresa foi mais longe e criou uma ferramenta que dá ainda maior estímulo às compras, o E-Bit, onde os clientes dão notas para as empresas, que recebem certificados de qualidade. Ou seja, quando alguém vai até o Buscapé pesquisar preços, ainda pode comparar as reputações dos vendedores.

Estas duas ferramentas são formadoras virtuais de qualidade. E não pense que "virtual" é pejorativo. Para o cérebro, essa sensação é mais do que real. Quando o cérebro vai às compras, três áreas estão sempre muito ativas: o núcleo accumbens, grande receptor de dopamina, o hormônio do prazer; o córtex pré-frontal, centro das decisões racionais; e a ínsula, área de alerta, que pode criar o sentimento de aversão. O desejo pelo produto ativa o núcleo accumbens, mas a possibilidade de gastar dinheiro ativa a ínsula. O córtex pré-frontal vai fazer os cálculos para saber se o produto vale a pena. Repare que uma ferramenta que possibilita uma comparação de preços, ampla e imediata, é um auxílio enorme para o cérebro. Enquanto facilita o trabalho racional do córtex pré-frontal, diminui a ativação da ínsula. O selo de qualidade das lojas, com os comentários de outros consumidores, é a cartada final para frear o trabalho insular. O núcleo accumbens pode partir tranquilo rumo às compras.

Em 1999, o Buscapé era um site com três computadores e um aporte que não chegava a US$ 50 mil. Em 2012, já era um grande portal de internet, quando o grupo de mídia sul-africano Naspers anunciou a aquisição de 91% das ações da companhia por US$ 342 milhões.

Este café é uma Brastemp

Quantas pessoas no mundo têm algum tipo de experiência emocional com o café? No Brasil, o café é como uma marca de identidade nacional. Por muitos anos foi nosso principal produto de exportação e até hoje tem importância significativa no agronegócio brasileiro. Pode-se apostar que centenas de milhões de pessoas têm o cheiro do café registrado no hipocampo, o nosso centro da memória.

Até pouco tempo, a experiência do café tinha pouco a ver com qualidade. Era o cheiro do café recém-passado na casa da avó, o cafezinho que chegava após a sobremesa em um restaurante, durante uma longa reunião, ou nas madrugadas, antes de provas complicadas. Era o café, o grão, a commodity.

Pouca coisa diferenciava a sua qualidade para o público em geral. Até que, na década de 1980, a Nestlé criou a "qualidade" do café. A estratégia foi vender café diretamente ao consumidor de classe alta e formadores de opinião em butiques luxuosas de ruas nobres de Paris e Roma, junto a um comércio virtual com um selo de alto padrão de qualidade.

Nespresso: *Compromise.* Anúncio de revista
Agência McCann Erickson

A Nespresso é hoje uma marca icônica, e domina a experiência de luxo com o café. O produto milenar virou produto de excelência no comércio direto com o consumidor. Ou seja, interessa menos a quantidade e o preço, o que se compra é a experiência do café. A Nespresso se transformou numa marca que vende a relação estritamente emocional com o produto. Este é um bom exemplo de estratégia do uso da qualidade como *driver* para vencer em um mercado que parecia não comportar outros formatos na relação do consumidor com o produto. Se a qualidade é um *driver* imaginado, emocionar é o único caminho para convencer.

Há sutis diferenças entre os sabores oferecidos, mas a Nespresso revolucionou a estética do consumo, com muito design envolvido nas máquinas domésticas, nos desenhos e cores das cápsulas, no material de apresentação elegante e no marketing com conceitos de requinte e exclusividade. Propôs vender café de forma bem diferente dos sacos em prateleiras de supermercado ao lado de coadores de papel e potes de achocolatado em pó. As cápsulas, em belas caixas pretas retangulares, com cores sóbrias no contorno e nome próprio para cada "blend", são vendidas em butiques, como as roupas de grifes, por vendedores bem-vestidos e simpáticos. Em um ambiente de tanta oferta, a Nespresso optou por vender qualidade em vez de café. Virou sinônimo de café de qualidade.

Quando estamos prestes a tomar decisões, uma área do cérebro é fundamental. O córtex orbitofrontal funciona como um avaliador, uma espécie de freio que nos faz pensar se o produto realmente nos trará prazer. As campanhas convencem sobre a qualidade do produto quando recebem o aval dessa área do cérebro. Não foi à toa que a Nespresso escolheu um porta-voz símbolo da elegância masculina e do sucesso. O ator americano George Clooney é um homem de tamanho requinte que não poderia ser chamado de "garoto-propaganda". Mais uma vez, a campanha da Nespresso acertou em cheio.

Aqui no Brasil, uma campanha clássica da década de 1990 usou ironia e humor para arrebatar os cérebros dos consumidores. Este é um dos melhores exemplos de como convencer o córtex orbitofrontal de que a compra não será um erro. De quebra, a campanha da Brastemp marcou a memória dos brasileiros, com um bordão que até hoje, vez por outra, ainda é repetido, mas que na época era ouvido em cada esquina.

A frase "não é assim uma Brastemp" era usada em casos do cotidiano. Pessoas comuns, sentadas no sofá da sala, contavam histórias como se fosse para um amigo íntimo. O resultado foi imediato: a marca transformou-se em sinônimo de qualidade no mercado de eletrodomésticos.

Referências

ADNEWS. "A campanha que era 'assim uma Brastemp'". Veiculado em: 29 ago. 2013. Disponível em: <www.adnews.com.br>.

BORNELI, J. "Conheça a história do Buscapé: a primeira grande start-up brasileira". Veiculado em: 17 jul. 2014. Disponível em: <www.infomoney.com.br>.

CAMERER, C.; FEHR, E. "When does Economic Man dominate social behavior?" *Science*, n. 311, 2006, p. 47-52.

DALPICOLO, S. "A história do Buscapé, site de comparação de preços líder em decisão de compras na América Latina criado por um grupo de amigos". *Carreira e Negócios*, n. 19, 2009. Disponível em: <carreiraenegocios.uol.com.br>.

GLADWELL, M. *Blink: a decisão num piscar de olhos*. Rio de Janeiro: Rocco, 2005.

LEHRER, J. *O momento decisivo: o funcionamento da mente humana no instante da escolha*. Rio de Janeiro: Best Business, 2010.

WANSINK, B.; PAYNE, C.; NORTH, J. "Fine as North Dakota wine: sensory expectations and the intake of companion foods". *Physiology and Behavior*, n. 90, 2007, p. 712-16.

17
REDES SOCIAIS:
O CONTÁGIO EMOCIONAL DIGITAL

Como era mesmo o mundo antes das redes sociais digitais? Antes de você se aproximar de uma pessoa e poder dar uma olhada no seu perfil para conhecê-la um pouco mais? É difícil responder a estas perguntas. Somos diariamente expostos às mensagens dos nossos "amigos", nos aproximamos e nos envolvemos com as postagens deles. Em 2014 houve 97% mais posts do que no ano anterior, e a tendência é só crescer, segundo estudo realizado pelo Scup.

Na mesma pesquisa (onde foram analisados mais de 170 milhões de posts publicados por brasileiros em 2014 — no Facebook, Twitter e Instagram) foram apontados os horários nobres de navegação, que contribuem com as estratégias de comunicação dos anunciantes. Lembre-se de que, com aumento dramático no número de posts, fica também mais difícil para um anúncio chamar a atenção dos internautas.

Percebeu-se que em cada uma das redes os usuários apresentam comportamentos diversos. No Facebook, por exemplo, maior das redes no Brasil, o movimento é mais intenso durante a semana, entre 11h e 22h. Já o Instagram, rede que cresceu 235% em 2014, mas ainda bem distante da audiência do Face, tem mais posts no final de semana, seguindo a mesma lógica de horários da anterior. No Twitter, por sua vez, também mais movimentado durante a semana, chama atenção o domingo, que tem um incremento na audiência entre 16 e 22 horas, momento em que os torcedores estão compartilhando suas impressões sobre o jogo de futebol que passa na TV aberta.

O mercado de vendas do varejo pela internet cresceu muito no final da primeira década do século XXI, mas ainda há desconfiança. No Brasil, é grande o número de reclamações, principalmente relacionadas ao atraso na entrega ou ao extravio da encomenda. Mas os donos de lojas virtuais têm as redes sociais como aliadas importantes. Poder conhecer as opiniões de centenas ou milhares de pessoas, em poucos cliques, as descrições de experiências de compra, as avaliações e até mesmo as decepções dá às lojas virtuais chancela semelhante à da padaria da esquina de casa. É como se algum familiar ou vizinho recomendasse o local, neste caso, um site, e acalmasse nosso cérebro. Uma área do cérebro importante nesta situação é o córtex cingulado anterior, que é muito estimulado quando interagimos socialmente. Ele produz uma sensação de desconforto — idêntica à dor física — quando nos sentimos rejeitados. Por outro lado, nos recompensa quando tomamos a atitude popularmente conhecida como "maria vai com as outras".

A leitura do córtex cingulado anterior

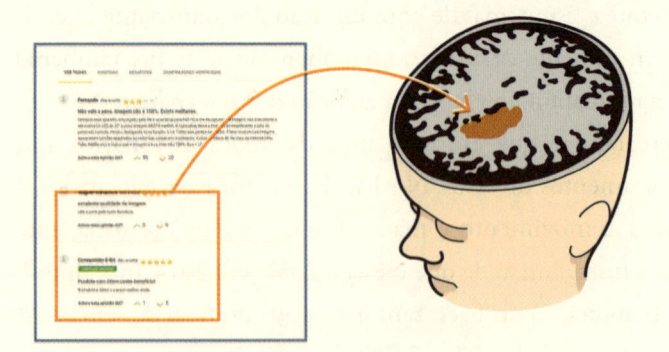

O córtex cingulado anterior estimula o sentimento de confiança no grupo e a disposição de seguir a opinião da maioria. Ou seja, é reconfortante para o cérebro quando nos unimos a outras pessoas, mesmo quando não temos certeza da decisão. A chancela dos desconhecidos, especialmente nas redes sociais, transmite uma sensação maior de segurança.

O Facebook, em 2014, divulgou uma pesquisa sobre os perfis de mais de 689 mil usuários que se comunicavam em inglês. O experimento científico foi comandado por Adam Kramer, da equipe de pesquisa de dados da empresa; Jamie Guillory, pesquisadora da Universidade da Califórnia; e Jeffrey Hancock, professor da Universidade Cornell, com a intenção de avaliar a influência das postagens no humor das pessoas.

Durante uma semana, em 2012, os pesquisadores modificaram o tipo de conteúdo mostrado no feed de notícias. Um algoritmo orientava os cientistas sobre que tipo de conteúdo — negativo ou positivo — seria priorizado na página de cada uma das pessoas. Após a divulgação da pesquisa na revista científica *Proceedings of the National Academy of Science*, Kramer se justificou afirmando que "fizemos esta pesquisa porque o impacto emocional do Facebook na vida das pessoas que utilizam nosso produto é importante para nós".

Os resultados da pesquisa mostraram que os comentários têm efeito contagioso sobre o usuário, mesmo sem o contato face a face. As mensagens positivas influenciaram a criação de mais mensagens positivas, sendo que mensagens de cunho negativo contribuíram para a proliferação de mais mensagens com teor negativo. As redes sociais são capazes de fazer as pessoas experimentarem a emoção que o outro está transmitindo mesmo sem perceber. Isso ocorre, por exemplo, quando rimos com uma piada postada por um amigo, ficamos tristes com uma notícia ruim ou ainda animados com uma novidade interessante que aparece no nosso feed.

Mundo compartilhado, cérebros contagiados

Os cérebros estão sempre em busca de conexões com outros cérebros. Mesmo que prefiram o contato real, eles também estão muito dispostos às relações virtuais. A proliferação das redes sociais é prova contundente de que somos famintos por estas relações. O formato de maior sucesso se ancora nas características que nos fazem mais gregários. O Facebook fornece a plataforma e dezenas de recursos. Todo o conteúdo, compartilhamentos, publicidade e interações são produzidos por mais de um bilhão de usuários. O Instagram é um aplicativo de compartilhamento de fotos. Todas as fotos são compartilhadas por seus quase 500 milhões de usuários.

Não demorou muito para que as empresas de internet descobrissem que o formato de plataformas imutáveis e autônomas não combinava com a ferramenta que tínhamos nas mãos. Os cérebros e a internet compuseram uma biblioteca infinita de informações, componentes, interações das mais variadas e em todos os níveis. A intensa interação virtual nos levou a um mundo onde ferramentas participativas se sobrepõem aos veículos tradicionais. O site do *New York Times* tem muito mais leitores que o jornal impresso; a Wikipedia é infinitamente mais acessada do que todas as enciclopédias em todas as bibliotecas do mundo juntas, a programação *on demand* tomou o espaço da TV aberta, que até outro dia parecia imbatível; o aplicativo Waze arrebatou o espaço dos GPS tradicionais, os aplicativos de táxi acabaram com o domínio das cooperativas de taxistas nas grandes cidades, facilitando a vida dos usuários, que podem até acompanhar pelo mapa onde está o táxi que irá buscá-los. Atualmente, o mundo virtual está longe de ser uma tese de doutorado, é uma conversa em andamento. Longe de definir a morte das ferramentas de comunicação mais tradicionais, é preciso compreender que nossas mentes são sedentas por informações e conexões.

Todas essas ações podem ser rastreadas. Os browsers, navegadores de internet, utilizam cookies, arquivos com informações sobre o acesso a sites, para entender o comportamento dos usuários. Então, milhares de informações são cruzadas para decifrar os interesses das pessoas. E tudo isso ajuda a entender os desejos do consumidor. As empresas trocam informações até que seja possível uma grande loja de material esportivo conhecer a paixão por um time de futebol e enviar pelas redes sociais banners com promoções e novos produtos dos ídolos do consumidor. Lojas de enxoval podem chegar à conclusão de que o rapaz que procura informações sobre maternidades também pode estar interessado em livros sobre paternidade e assim por diante. Um mundo inteiro é compartilhado para que a publicidade consiga fazer uma campanha para cada consumidor.

A grande arma do terrorismo

Principal grupo terrorista da década de 2010, o Estado Islâmico usa as redes sociais não apenas para disseminar a ideologia, mas para convencer simpatizantes a se juntarem à causa. O avanço tecnológico permite que, com grande velocidade, os terroristas reivindiquem atentados e postem atrocidades como as cenas de execução de jornalistas e empresários, vindos de países que combatem o terror. A figura do jihadista John ficou rapidamente conhecida. Até ser morto em um ataque aéreo do exército americano à Síria, em novembro de 2015, o terrorista que estava sempre encapuzado e tinha sotaque britânico conseguiu cooptar milhares de seguidores, principalmente vindos de bairros pobres europeus.

Se o Estado Islâmico se utiliza do contágio emocional nas redes sociais, o mundo virtual também dá voz às vítimas dos atentados e auxilia quem luta contra o terrorismo. No atentado a Paris, da sexta-feira, 13 de novembro de 2015, com grande agilidade, o Facebook disponibilizou uma ferramenta que funcionou como alerta de segurança. Quem estava na capital francesa pôde divulgar para amigos que se encontrava a salvo. Todas as pessoas que haviam feito check-in recentemente ou que moravam em Paris foram acionadas para responder se estavam em segurança. A resposta aparecia para todos os amigos. O Safety Check já foi usado em outras ocasiões de desastres e é uma maneira de simplificar a transmissão da notícia entre amigos da rede social. A ferramenta possibilita ainda conferir outras pessoas na área atingida e marcar amigos que você sabe que estão bem.

Outro movimento interessante ocorreu pelo Twitter. As forças de segurança belgas publicaram na sua conta do Twitter a hashtag #BrusselsLockdown, para que a população não espalhasse detalhes sobre a operação para prender terroristas dos atentados a Paris e que os cidadãos permanecessem em casa. Em seguida a população respondeu apoiando os pedidos ao colocar fotos de gatos na timeline. Após os procurados serem presos, a polícia local simpaticamente publicou uma imagem de comida de gato, com o texto: "Para os gatos que nos ajudaram ontem à noite... sirvam-se!"

Posts do Twitter do cidadão e a resposta da polícia belga

Watch me

Os virais são a sensação das redes sociais e quase todos — de pessoas comuns a marcas famosas — desejam que seus filmes postados se espalhem em ritmo frenético. Conseguir isso não é tarefa fácil. Atualmente, podemos analisar as emoções suscitadas segundo a segundo, e conseguir identificar as probabilidades de sucesso das peças junto ao público que se deseja atingir, para publicá-las em qualquer meio, da TV aberta ao novo aplicativo sensação do momento.

Em 2015, Silentó se tornava uma celebridade mundial depois de postar o clipe "Watch me" no YouTube. O adolescente americano, de 17 anos, teve seu vídeo acessado 2,5 milhões de vezes só na primeira semana. A dança virou febre na internet, nas ruas e na TV. Foi dançada por formandos, políticos, crianças, idosos de um asilo em Porto Rico e até por uma mãe na maternidade, prestes a dar à luz. Você deve se lembrar de outro artista que teve a carreira turbinada por um clipe que estourou na internet nos mesmos moldes: Justin Bieber, que se tornou uma das celebridades mais badaladas do mundo. Esse tipo de vídeo agrada a um grupo formador de opinião e o sentido de "maria vai com as outras" faz multiplicar a aceitação de um número inimaginável de seguidores.

Silentó: *Watch me*. 3'20"*

O viral acontece quando a peça agrada o córtex cingulado anterior, a área do cérebro que estimula ações gregárias e empáticas. Não se esqueça de que as mensagens positivas são as preferidas pelo cérebro. E

---

* Disponível em: <https://www.youtube.com/watch?v=vjW8wmF5VWc>.

isso explica o motivo de músicos jovens, com temáticas despretensiosas e vídeos animados — cheios de crianças e todo tipo de pessoas dançando uma coreografia divertida com um refrão-chiclete —, terem tamanho sucesso em virais. Tente imaginar quão eficiente seria para uma marca se associar a um sucesso nas redes sociais como Silentó e Bieber. Agora, vá mais à frente. Imagine quantas marcas gostariam de se associar ao maior sucesso viral da história: o vídeo de um cantor sul-coreano postado no YouTube em 2012.

Apenas por curiosidade, cerca de 80 milhões de pessoas no mundo inteiro entendem a língua coreana. Isso não impediu que PSY virasse uma febre mundial, sendo notícia em todos os maiores veículos de mídia. Até 2015, o vídeo de "Gangnam Style" havia sido assistido quase 3 bilhões de vezes no YouTube. Em publicidade vinculada ao vídeo, no próprio site, o faturamento foi de US$ 8 milhões.

O cantor PSY tornou-se um dos mais utilizados garotos-propaganda do mundo, participando, entre outras, de campanhas de geladeira da Samsung, de telefones celulares da LG, do programa de milhas da Asiana Airlines, da cerveja asiática Cass, e da Gilette, da P&G, para quem fez campanha durante o carnaval de Salvador.* Simultaneamente, PSY chegou a representar dez marcas na Coreia do Sul. Ele se tornou também promotor do turismo do país e um dos exemplos mais marcantes do mundo de como o contágio nas redes sociais pode ser fundamental para a publicidade.

---

* Disponível em: <https://www.youtube.com/watch?v=QQp1DqXheD8>.

Referências

TAPSCOTT, D.; WILLIANS, A. *Wikinomics: como a colaboração em massa pode mudar o seu negócio.* Rio de Janeiro: Nova Fronteira, 2007.

HATFIELD, E.; CACIOPPO, J.; RAPSON, R. *Emotional contagion.* Nova York: Cambridge University Press, 1994.

KOREA TIMES. "Economic effect of Psy's 'Gangnam Style'". Veiculado em: 29 ago. 2012. Disponível em: <koreatimes.co.kr>.

_____. "'Gangnam Style' Psy new sensation for Korean TV ads". Veiculado em: 7 set. 2012. Disponível em: <koreatimes.co.kr>.

KRAMER, A.; GUILLORY, J.; HANCOCK, J. "Experimental evidence of massive-scale emotional contagion through social networks". *PNAS*, n. 29, 2014, p. 8788-90.

NIE, N. *What do Americans do on the internet?* Stanford: Stanford Institute for the Quantitative Study of Society, 2004.

SCUP. *Horário nobre nas redes sociais 2015.* São Paulo: Scup, 2015.

18
SINAPSES: OS CAMINHOS DO CÉREBRO PLÁSTICO

Certa vez, um estudante de música encontrou o violoncelista Pablo Casals, que completara 91 anos, e perguntou: "Mestre, por que ainda continua a estudar?" A resposta de Casals: "Porque ainda estou progredindo."

Nunca se perde a capacidade de aprender, ou progredir, como disse Casals, enquanto o cérebro for exercitado e desafiado a novidades. Atualmente, é grande o número de pessoas com mais de 70 anos profissionalmente ativas. Mesmo se olharmos no passado, velhice nunca foi decreto do fim da atividade criativa. Embora as idades entre 35 e 45 anos sejam o auge da criatividade para a maioria, pessoas com 70 anos podem ter a mesma produtividade intelectual de alguém de 20 anos. A plasticidade cerebral engloba nossa capacidade inata de neurogênese e de criação de novas conexões cerebrais, novas sinapses. Através delas geramos novas possibilidades para a mente.

O cérebro é formado por neurônios, que são extremamente sensíveis a estímulos e possuem extremidades chamadas axônios. O final de um axônio é uma sinapse, que é onde ocorre a transmissão da informação — para outro neurônio ou para uma célula muscular. Cada pessoa pode ter trilhões de sinapses.

Qualquer cérebro está apto a se transformar com as novas experiências de comunicação. A plasticidade é uma característica que confere resiliência e habilidades ao cérebro que cria novas conexões. A novidade estimula a neurogênese, mas é no longo prazo que o cérebro começa a se remoldar, utilizando mais estruturas como o hipocampo, o centro da memória. Campanhas publicitárias de longa duração, de solidificação da marca e criação de vínculos duradouros com o consumidor são os caminhos da plasticidade cerebral na neuropropaganda.

Mensagens que ultrapassam gerações

Uma das campanhas mais icônicas da história dos EUA conseguiu influenciar consumidores de muitas gerações diferentes desde 1993. A campanha "Got milk?", criada para o California Milk Advisory Board, tornou-se uma referência mundial, fazendo com que o consumo de leite batesse vários recordes.

Quando os produtores californianos formaram a cooperativa, as vendas estavam em queda vertiginosa. A campanha era um apelo para figuras públicas divulgarem que o consumo de leite fazia bem à saúde. De lá pra cá, políticos, incluindo presidentes, atores, atletas e toda sorte de celebridades foram fotografados com o "bigode branco" de leite, seguidos da pergunta "Got milk? Where's your mustache?". Em pouco tempo a campanha chegou a 90% de conhecimento do público e a expressão "Got milk?" tornou-se um jargão público. Em 2004 a campanha foi levada ao Reino Unido.

California Milk Advisory Board: Got Milk?. Mídia Impressa
Agência Goodby Silverstein & Partners

Com o passar do tempo, ela se reinventou. No Natal de 2006, pontos de ônibus nos EUA exalavam cheiro de biscoitos de chocolate ao lado do cartaz com o slogan, e até criaram uma boneca Barbie com o bigode de leite. Até hoje os publicitários se esforçam para manter viva a chama de uma das campanhas mais longevas de todos os tempos. Mais de vinte anos depois, criou-se um novo slogan, "Milk life". E todo produtor de leite americano tem o direito de uso.

Voltando para o Brasil, você deve se lembrar do ator Carlos Moreno. Com ele teve início uma campanha publicitária com fôlego incomum. Até 2015, foram quase quatrocentos comerciais de TV e cem em revistas. Se você é brasileiro, conhece Carlos Moreno, o Garoto Bombril, e já se divertiu com alguns das centenas de comerciais da palha de aço. Em 1998, a Bombril foi apontada pela Pesquisa Top of Mind, realizada todo ano pelo Datafolha, como a marca brasileira mais lembrada. Em todos esses anos, a campanha dialogou não apenas com os consumidores, mas com as notícias e com o dia a dia do país.

Bombril. *Demitido e readmitido.* **60"***
Agência DPZ

Mas um dia essa época acabou. A publicidade da marca acompanharia a transformação do papel da mulher brasileira. E a mudança

---

* Disponível em: <https://www.youtube.com/watch?v=RHb60bq0mlU>.

cultural advinda substituiu o Garoto Bombril pela superpoderosa Ivete Sangalo.

Campanhas adquirem caráter duradouro porque as marcas e seus publicitários compreendem o funcionamento plástico do cérebro. O impacto criativo leva ao sucesso imediato e à criação de novas sinapses. Aos poucos, consumidores se envolvem com cada detalhe da publicidade. O reforço da ideia adensa as conexões cerebrais. Por fim, o cérebro está adaptado ao contexto, o personagem é como um membro da família que aparece nos comerciais do horário nobre, o slogan é como se fosse uma frase criada pelo seu próprio cérebro. Até que tudo começa novamente.

O meio é a mensagem

A plasticidade do cérebro resulta em mentes adaptadas à tecnologia e aos meios de comunicação. Para entendermos uma mensagem usamos várias regiões. Os processos de compreensão da leitura e da fala, por exemplo, ocorrem em áreas diferentes. As partes mais usadas são as mais eficientes. Isso significa que se lemos muito, entendemos melhor mensagens por escrito. Se passamos boa parte do tempo trocando mensagens pelo celular, este se tornará o meio de comunicação mais eficiente para a compreensão.

O cérebro e a mídia eletrônica têm conexão automática porque trabalham de forma muito parecida e são totalmente compatíveis. Os sistemas eletrônicos de comunicação têm transmissão de sinais elétricos em milésimos de segundos, exatamente como o cérebro faz para orquestrar todo o corpo. A compatibilidade com as mídias digitais é inerente à plasticidade cerebral. Assim, a tecnologia serve como prolongamento do cérebro. Não é exagero pensar no computador como uma extensão da memória e dizer que telefones são conexões especiais de nosso córtex auditivo. Estamos a cada dia mais perto de inventar, e usar, laços ainda mais íntimos entre tecnologia e cérebro.

Este casamento será sempre ávido por novidades e receptivo a grandes quantidades de apetrechos.

Nesta complexa e íntima conexão, cada meio cria experiências sensoriais e semânticas diferentes. As proporções entre os sentidos podem ser alteradas; e isto deve ser considerado quando tratamos a mensagem. Os cérebros muito conectados à internet, tablet, celulares, televisão, tocadores de mp3 e computadores estão menos sujeitos a atividades que requerem atenção mais lenta, como uma longa aula, "apenas" com um professor falando. Longe de perder a capacidade de se comunicar, o cérebro prepara novos meios de comunicação — e se afasta dos que não são usados.

Considerando que o cérebro entende o meio como mensagem e se adapta rapidamente à sua estrutura, a neuropropaganda se ocupa em criar para as plataformas específicas, e não em apenas "adaptar" para elas a campanha.

É publicidade, meu caro J. B. Watson

Não por acaso, um dos primeiros cientistas a apostar na existência da plasticidade cerebral (e da sua implicação para o comportamento) é também um nome importantíssimo na história da publicidade: John Broadus Watson é uma espécie de tio-avô da neuropropaganda.

Watson (1878-1958) é o psicólogo americano criador do behaviorismo, que foi uma das principais correntes científicas de análise e compreensão do comportamento humano. O behaviorismo indica que a psicologia deve se basear exclusivamente em comportamentos observáveis. Confiando na completa capacidade de transformação do cérebro, para ele, se qualquer um pode aprender sobre qualquer assunto, as informações também podem ser preparadas para atingir qualquer público.

No início da década de 1930, a indústria do cigarro não parava de crescer nos EUA. Porém, os homens eram a grande maioria dos consumidores. Mulheres fumavam muito pouco. Alguns anos antes, Watson fora demitido da Universidade Johns Hopkins, onde era professor e pesquisador, por ter se envolvido em um caso extraconjugal com uma colega. Com a vida devastada no campo acadêmico, ele conseguiu um emprego na J. Walter Thompson, uma das maiores agências de publicidade dos Estados Unidos.

Lucky Strike: *Reach for a Lucky.* Mídia impressa
Agência J. Walter Thompson

Restou ao ex-pesquisador e recém-publicitário criar um slogan para a marca de cigarros Lucky Strike, focando o público feminino. Watson criou então o lendário tema: "Reach for a Lucky, instead of a sweet", algo como "escolha um Lucky em vez de um doce", aproveitando ainda que "lucky", em inglês, significa sortuda ou bem-sucedida. O que se percebe é a criação instantânea de novas sinapses a partir de três fetiches associados: status, fumo e doce; extremamente sensoriais e prazerosos. A sugestão da troca dos doces por cigarros foi especialmente impactante nas mulheres americanas. Em três anos, o psicólogo se tornou vice-presidente da agência devido ao estrondoso sucesso do Lucky Strike.

Referências

DAVIDSON, R.; JACKSON, D.; KALIN, N. "Emotion, plasticity, context, and regulation: perspectives from affective neuroscience". *Psychological Bulletin*, n. 126, 2000, p. 890-909.

DOIDGE, N. *O cérebro que se transforma: como a neurociência pode curar as pessoas*. São Paulo: Record, 2012.

FELTEN, D.; SHETTY, A. *Atlas de neurociência*. Rio de Janeiro: Guanabara Koogan, 2009.

PINKER, S. *Tábula rasa*. São Paulo: Companhia das Letras, 2004.

LEHMAN, H. *Age and achievement*. Princeton: Princeton University Press, 1953.

SIMONTON, D. "Does creativity decline in the later years? Definition, data and theory". In: PERMUTTER, M. (org.). *Late life potential*. Washington DC: Gerontological Society of America, 1990, p. 83-112.

WATSON, J. *Behaviorism*. New Brunswick: Transaction Publishers, 1998.

19
TESTANDO SUA CAMPANHA: ADICIONE NEUROTESTES

Quantas vezes você mentiu hoje? Se respondeu menos de sete, provavelmente deve adicionar outra mentira a sua lista. Mentir pelo menos um pouco é inato à condição humana, à vida social. Há pessoas que driblam até detectores de mentira. As pesquisas de marketing, tradicionais, têm que lidar com isso. Se a pesquisa não for realizada face a face, a coisa se complica um pouco mais. Em pesquisas telefônicas as atitudes positivas são manifestadas sem problema, mas há dificuldade em apreender todo o volume e intensidade das reações negativas a marcas e a governos. Em outras plataformas a dificuldade aumenta. As pessoas mentem três vezes mais quando se comunicam online por mensagens de texto, e cinco vezes mais por e-mail. E não é só uma questão de distância entre aqueles que se comunicam.

Quando você encomendar um grupo de discussão em um estudo qualitativo tradicional, peça para que ele seja realizado pela manhã. Os institutos certamente vão odiar isso. É muito complicado reunir os eventuais participantes nesse horário. Mas faz sentido. Um estudo da Universidade Harvard sugere que à medida que as horas avançam o cansaço afeta nosso autocontrole e aumenta a chance de comportamentos eticamente questionáveis. Uma amostra de homens e mulheres foi submetida a um experimento no qual foi exibida uma imagem composta por pontos e lhes era perguntado se esses pontos se situavam mais à direita ou mais à esquerda da tela. Havia um prêmio em dinheiro para as respostas. Os que falavam que havia mais pontos à direita ganhavam dez vezes mais do que quem dissesse que a maioria deles estava à esquerda, independentemente de eles estarem ou não. O objetivo deliberado era encorajar os participantes a mentir. Quem fez o teste à tarde mentiu muito mais do que os que responderam entre oito horas e meio-dia. Os cientistas batizaram o fenômeno de "efeito da moralidade matinal".

Além da mentira consciente, sob os mais diversos pretextos, há questionamentos à capacidade de introspecção dos indivíduos entrevistados em pesquisas quantitativas ou mesmo em grupos de discussão para fazer um relato razoável do seu estado emocional, ou das reais motivações para seu comportamento.

Pesquisas eleitorais se mostram bastante precisas na grande maioria dos casos em prognosticar os resultados das urnas. Já o quadro de explicações para a motivação do voto captado por elas deixa muito a desejar. Os entrevistados sabem em quem vão votar, mas não têm muita noção do porquê. Drew Westen, psicanalista e consultor norte--americano, coloca o dedo na ferida: "no século XXI a confiança exclusiva nas pesquisas (tradicionais) e *focus groups* não é mais convincente. Esses métodos não podem ir fundo o bastante para avaliar redes (esquemas mentais) que as pessoas desconhecem ou não querem admitir, quer para um pesquisador, para uma discussão em grupo ou para si mesmas". Ele tem razão. Afinal, se as pessoas conhecessem bem suas emoções, psicólogos e psicanalistas não teriam tantos clientes. Ele repete com outras palavras, mais de cem anos depois, a expressão de Freud cunhada em uma imagem conhecida: a consciência é tão somente a ponta do iceberg mental. Daí porque para a neuropropaganda a medição direta das emoções e dos processos inconscientes, que impactam nas atitudes e no comportamento dos consumidores e dos cidadãos em geral, é o passo adiante definitivo. Isso não significa jogar fora as técnicas tradicionais, apenas levar em conta seus limites e adaptá-las para dialogar com as diferentes avaliações neuropsicofisiológicas.

A neurotecnologia aplicada à comunicação tem sido cada vez mais utilizada nessa última década, depois de enfrentar algum ceticismo, reforçado pela postura inicial da indústria de pesquisa tradicional, que movimenta algumas dezenas de bilhões de dólares em todo o mundo.

O exame sistemático a que foi submetida mostra seu potencial de complementação das medidas tradicionais para prognosticar o desempenho das mensagens e apontar as chaves do sucesso das campanhas publicitárias. No que diz respeito à realização dos principais objetivos de comunicação das marcas, a geografia cerebral conhecida até agora vai apresentando respostas que localizam o seu sucesso — apesar de sabermos que nosso cérebro funciona de forma dinâmica e integrada, recebendo e enviando informações de diferentes estruturas e regiões simultaneamente.

A atenção sobre um objeto mobiliza especialmente o córtex pré-frontal dorsolateral (CPFdl), que é uma espécie de parte "executiva" que ajuda a processar a informação contextual, e também o córtex pré-frontal ventromedial; o desejo de adquirir ativa, além deste último, o striatum ventral, cuja mobilização durante a avaliação de produtos é forte preditora de compras; a amígdala dispara quando recebemos estímulos afetivos positivos e negativos, embora mais neste último caso; e o hipocampo em ação funciona como o portal da memória, sua atividade se correlacionando também com a preferência por marcas.

Cigarro: o sofrimento do outro também importa

Em março de 2015 foi publicado o maior estudo mundial independente sobre as mensagens de advertência em maços de cigarro. Realizado em 24 países, com aplicação da técnica de IAT, Teste de Associação Implícita, uma medida do tempo de latência das respostas diante dos estímulos apresentados, utilizou também uma pesquisa tradicional sobre o tema. O estudo buscou aferir o envolvimento emocional dos fumantes com as mensagens. Os entrevistados foram expostos a quatro tipos de mensagens de advertência divididos em duas categorias. Na primeira, havia mensagens apenas com texto e mensagens com texto e imagens. Na segunda, as mensagens se dividiam entre a referência aos danos à saúde apenas dos fumantes e a referência, além deles, às outras pessoas prejudicadas.

A pesquisa concluiu que as mensagens mais eficazes eram aquelas que combinavam texto e imagem, e que além de as respostas declarativas apontarem nessa direção, a medida do tempo de reação mostrara o enraizamento emocional dessa atitude. E que a comunicação que evocava simultaneamente os danos potenciais do cigarro para o fumante e para as pessoas de sua convivência eram mais eficientes que aquela centrada apenas nele. Os autores do estudo revelaram que houve um ganho de 25% nos insights derivado da combinação dos dois métodos na pesquisa.

No Brasil, o resultado da investigação coordenada por Carlos Augusto Costa, da Fundação Getulio Vargas, não destoou do resultado global. Para 51% dos fumantes brasileiros as mensagens mais impactantes são aquelas que associam texto e imagem. Para 32% as peças são capazes de induzir as pessoas a parar de fumar. E 57% deles se sentiram culpados ao serem lembrados pelas imagens do dano que poderiam estar causando àqueles que lhes eram próximos.

A boa notícia é que os pesquisadores já estão preparando os próximos passos para compreender melhor o comportamento do fumante, entender como se dá o início da prática do fumo, e investigar as formas mais eficientes de persuadi-lo a abandonar o vício.

Estímulos apresentados aos participantes durante a pesquisa sobre tabagismo

	APENAS TEXTO	TEXTO E IMAGEM
MENSAGENS PARA FUMANTES	Smoking kills	Smoking kills
MENSAGENS PARA FUMANTES E TERCEIROS	Smoking harms you and others	Smoking harms you and others

Darth Vader no comando

O filme *The force*, da Volkswagen, grande sucesso do Super Bowl de 2011, usa as emoções como poucos. Um mix bem elaborado. A nostalgia (ao relembrar Darth Vader para os pais), o amor (dos pais com o filho), a surpresa contagiante (do menino ao ver a "resposta" do carro, um Passat) e o humor (do espectador rindo da surpresa do garoto). A trilha relembra a marcha imperial da lendária série *Star Wars*. O comercial foi milimetricamente planejado, tanto em termos de conteúdo quanto de estratégia de mídia. Traz uma criança como figura central, no momento lúdico de brincar com sua fantasia acreditando que tem superpoderes. Ao contrário do que normalmente ocorre com os filmes veiculados no grande evento esportivo, quando eles são guardados a sete chaves para não estragar o impacto do lançamento, esse foi veiculado dias antes no YouTube, atingindo neste período 30 milhões de visualizações. O fenômeno deixou nada menos que outros 111 milhões de pessoas surpresas e encantadas na TV. Resultado: dois Leões de Ouro e o prêmio de melhor comercial de 2011 em Cannes.

Um estudo conduzido pela Sands Research analisou o engajamento emocional, a valência afetiva e o trajeto do olhar em trinta participantes, utilizando eletroencefalografia (EEG) e um dispositivo para rastrear o olhar, o eye tracker. No estudo, percebe-se que quase sempre o olhar do espectador está fixado no garoto, o herói do comercial, dividindo-o poucas vezes com os pais e outros objetos, a exemplo da cena mostrada a seguir em que o automóvel "respondeu" ao comando da criança. Na curva do engajamento emocional, três picos se destacam como gatilhos icônicos. O primeiro deles ocorre quando o menino, de frente para uma bicicleta elétrica de ginástica, tenta fazê-la atender sua convocação. O segundo, quando ele está sentado na cozinha e se prepara para comer o sanduíche que a mãe preparou. E, por fim, o momento em que os pais olham pela janela e observam a reação assustada do garoto ao ver que o carro, enfim, responde ao seu comando. Superado o momento de frustração da criança, o comercial se encerra com a valência emocional positiva.

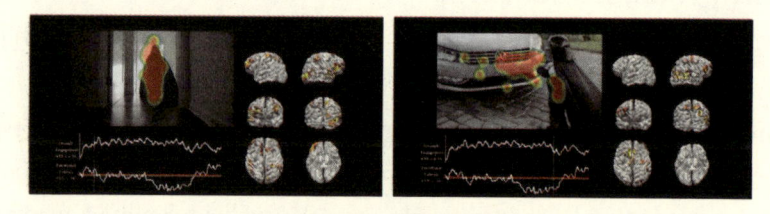

Volkswagen: *The force.* 60"*
Agência Deutsch LA

Em tempos de crise, esqueceram o pré-teste

Um case mostra bem a utilidade da neurometria não só em comerciais e peças curtas para internet e TV, como também na avaliação de filmes mais longos, como aqueles utilizados em pronunciamentos oficiais nos meios de comunicação. Esta é mais uma lição sobre o fato de que, se é sempre aconselhável pré-testar seus comerciais, na crise isso é obrigatório para quem está no mercado ou no governo.

No dia 8 de março de 2015, Dia da Mulher, a presidente Dilma Rousseff, no início turbulento do segundo mandato, dirigiu-se ao país em

---

* Disponível em: <https://www.youtube.com/watch?v=aNV1ufYgzr0>.

longos 15 minutos. Um pronunciamento que ficaria para a história dos desastres comunicacionais. A fala, embora trouxesse o anúncio de uma nova lei bastante aplaudida por equiparar o feminicídio aos crimes hediondos, causou uma reação inédita. O primeiro panelaço na história do país, uma resposta ocorrida simultaneamente em centenas de cidades de todas as regiões e que seria uma prévia das manifestações marcadas para uma semana depois, quando 1,5 milhão de brasileiros foram às ruas. Ao que parece o pronunciamento não foi testado. Se foi, deve ter sido mais um daqueles casos em que a base do iceberg não chegou a ser consultada.

O NeuroLab Brasil resolveu responder à questão sobre como teria aquela fala repercutido na mente do público. Para isso, procurou comparar as respostas conscientes e inconscientes à exibição do vídeo em dois grupos de pessoas da classe C — um com quatorze eleitores que haviam votado em Aécio Neves na eleição presidencial do ano anterior, e outro também com o mesmo número de participantes, mas eleitores de Dilma Rousseff —, identificando o impacto emocional da mesma, a atenção despertada e seu potencial de memorização. As tecnologias utilizadas para a mensuração inconsciente foram a eletroencefalografia (EEG), a condutância galvânica da pele (SCR), a variação dos batimentos cardíacos (HRV) e o eye tracker. Para medir o impacto consciente lançou-se mão do Perception Analyzer adicionado a *focus groups* e de questionário psicométrico com escalas de sentimentos, de intensidade e de concordância. O Perception Analyzer possibilita avaliar a um só tempo aspectos de conteúdo e formato, ao permitir que os participantes expressem suas sensações de likeability numa escala variável de 0 a 100, registradas a cada segundo.

O estudo produziu constatações reveladoras. Do ponto de vista da avaliação consciente ocorreu o que era presumível. No total, 43% classificaram o pronunciamento como ruim ou péssimo, opinião compartilhada por quase todos os eleitores de Aécio. Na outra ponta, iguais 43% disseram que o pronunciamento havia sido ótimo ou bom, ou seja, quase todos os eleitores de Dilma o aprovaram. Restaram 14% que o avaliaram como regular.

Gráfico do engajamento emocional (EEG) comparado com likeability (PA) entre os eleitores de Aécio e Dilma separadamente

Análise comparativa das curvas do engajamento emocional e Perception Analyzer

● Engajamento emocional (EEG)   ● Perception Analyzer (PA)

Eleitores de Aécio Maior mobilização emocional

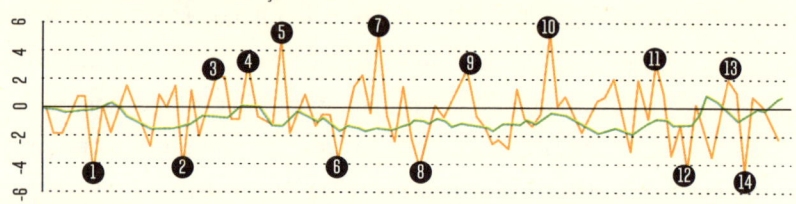

❶ Tenho reflexões e informações importantes que, se compartilhadas, vão ajudá-los a **entender melhor o momento que passamos**...
❷ As medidas **não irão comprometer** suas conquistas, não irão fazer o Brasil parar.
❸ Você tem todo o **direito de se irritar** e se preocupar.
❹ O Brasil tem **todas as condições de vencer** esses problemas temporários.
❺ A crise afetou severamente **grandes economias**, como os Estados Unidos, a União Europeia e o Japão.
❻ Nós aqui preservamos e **aumentamos o emprego e o salário**.
❼ Se conseguimos essas vitórias antes, temos tudo para **conseguir novas vitórias outras vezes**.
❽ Não tinha como prever que a **crise internacional** duraria tanto, e ainda por cima seria acompanhada de **uma grave crise hídrica**.
❾ **Cada um tem que fazer a sua parte**, mas de acordo com suas condições.
❿ Quase 10 milhões de brasileiros e brasileiras são hoje **micro e pequenos empreendedores**.
⓫ **O país não vai parar.**
⓬ O Brasil tem aprendido a praticar a **justiça social em favor dos mais pobres**.
⓭ Vamos **juntos** melhorar o Brasil. É uma **tarefa conjunta** de toda a sociedade.
⓮ Tenho certeza de que o Brasil contará com a participação decisiva do **Congresso Nacional**.

Eleitores de Dilma Apatia

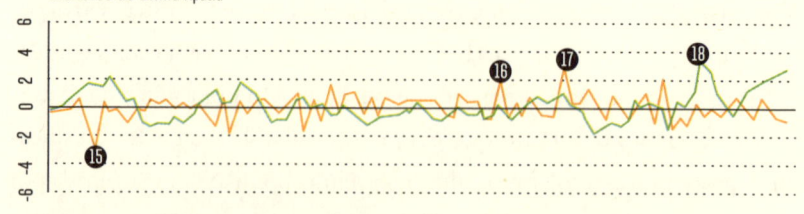

⓯ Tenho reflexões e informações importantes que, se compartilhadas, vão ajudá-los a **entender melhor o momento que passamos**...
⓰ Máximo possível de correção com o **mínimo possível de sacrifício**.
⓱ Quase 10 milhões de brasileiros e brasileiras são hoje **micro e pequenos empreendedores**.
⓲ Lei do Feminicídio: transformar em **crime hediondo**.

Mas o que explicava que os sentimentos predominantes nas escalas, colhidos logo após a exibição, fossem os negativos, vindo em primeiro lugar a frustração (média 6,0), seguida da vergonha (5,7), e depois a traição (5,5) e o medo (5,5)? O gráfico anterior responde uma parte importante da questão. Ele traz o engajamento emocional medido em microvolts através da eletroencefalografia e a curva de likeability consciente do Perception Analyzer. Registrado em milissegundos, o engajamento emocional foi comprimido em intervalos de 10 segundos para possibilitar uma melhor leitura.

As linhas das reações consciente e inconsciente entre os eleitores da presidente praticamente se confundem. Um padrão de neutralidade e de baixo engajamento. Para os autores do estudo, ao que parece assistimos nesse pronunciamento, em horário nobre de um feriado, um momento-limite na desconexão emocional entre Dilma e os que votaram nela. A fala teria ajudado a distanciá-la ainda mais do seu público, promovendo indiferença, neutralidade e dissonância, abrindo as portas para a defecção e uma maior queda nos seus níveis de aprovação e confiança, medidos posteriormente pelas pesquisas de opinião.

Enquanto isso, entre os eleitores de Aécio Neves, as conclusões apontam para um processo mais complexo. Vistas apenas sob a ótica consciente, representada pela curva do Perception Analyzer, suas reações teriam sido negativas, com baixa likeability, conforme o esperado. Uma curva estável, sem grandes flutuações. Mas a neurometria mostrou que no inconsciente desse grupo não foi bem assim. Registrou-se um autêntico turbilhão emocional na mente desses eleitores. Uma resposta visivelmente aversiva, que aderia quando o texto do discurso instigava as pessoas inconscientemente a "irritar-se", "reagir" e "unir-se". Mas aderia à semântica e não a quem a vocalizava. Para esses eleitores, o pronunciamento era quase uma provocação. O panelaço começou no seu cérebro.

Medições neuropsicofisiológicas

Os instrumentos mais utilizados hoje na pesquisa tradicional, voltados para a publicidade e para a comunicação em geral, certamente são bem conhecidos de você leitor. Pesquisas quantitativas por amostragem, pesquisas qualitativas com entrevistas em profundidade e grupos de discussão, estudos etnográficos e o Perception Analyzer, que permite plotar em um gráfico uma curva de likeability consciente de estímulos audiovisuais. A origem ou o desenvolvimento de parte importante deles teve lugar na década de 1930 graças a uma dessas figuras geniais que só aparecem de tempos em tempos, o austríaco Paul Lazarsfeld, que migrou para os Estados Unidos fugindo do nazismo. Ele era uma espécie de Leonardo da Vinci multidisciplinar — sociólogo, matemático, psicólogo social e construtor de equipamentos. Não só concebeu o primeiro e ainda rústico modelo do que atualmente é o Perception Analyzer como incrementou a pesquisa quantitativa, além de ajudar, com seu colega Robert Merton, a definir o modelo de *focus groups* até hoje utilizado. Lazarsfeld iniciou a pesquisa de comunicação moderna.

Quanto ao ferramental à disposição da neuropropaganda, ele ainda é pouco conhecido, e, por isso, para finalizar este capítulo, será útil uma breve apresentação das principais ferramentas utilizadas em neurotestes. Algumas são bem recentes e estão em franco desenvolvimento, outras têm décadas de serviços prestados à neurologia e vêm sendo modernizadas, além de serem atualmente conectadas por softwares que permitem integrar seus dados aos produzidos por outros equipamentos.

Ressonância magnética funcional (fMRI)

A ressonância magnética funcional (*f*MRI) baseia-se, como o nome indica, na ressonância magnética, que fez o primeiro procedimento de diagnóstico médico em um corpo humano em 1980. Na década seguinte evoluiu, permitindo a leitura das regiões cerebrais enquanto são cumpridas algumas tarefas cognitivas. O fato de que a atividade neural relativa a tarefas específicas demanda utilização de mais oxigênio faz a rede vascular aumentar o seu nível no fluxo do sangue na região respectiva. Quanto mais uma zona estiver trabalhando, maior o fluxo de sangue oxigenado nela. O que permite associar as tarefas realizadas e as emoções processadas às áreas que são mobilizadas.

O uso das imagens de ƒMRI foi a maior evolução da área no final do século XX. No estágio atual permite que se examine o cérebro em funcionamento, obtendo-se cortes transversais em três planos (axial, frontal e sagital) numa resolução espacial de aproximadamente 1 mm3 e em um intervalo de tempo de 2 a 5 segundos, mapeando, portanto, de forma tridimensional, a maior parte do órgão, em 1 ou 2 minutos.

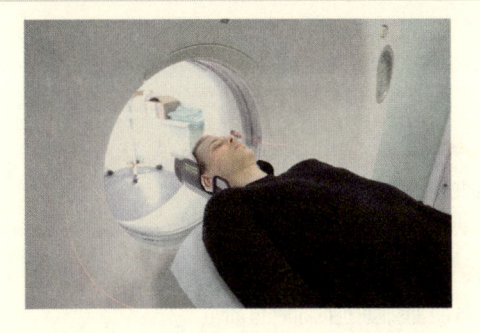

Ressonância magnética funcional

Eletroencefalografia (EEG)

Se a ƒMRI é uma técnica hemodinâmica, focada na observação da concentração do oxigênio no sangue, a eletroencefalografia é inteiramente voltada para captar a atividade elétrica cerebral. Ela realiza mapeamentos, avalia a evolução temporal da atividade cortical, estuda as diversas bandas de frequência (delta, teta, alfa, beta e gama), analisa estatisticamente cada uma delas e detecta a ativação de áreas cerebrais durante a apresentação dos estímulos.

Embora seus primeiros protótipos tenham sido criados décadas atrás, hoje, atualizados os equipamentos, estudos avançados com mapeamento eletroencefalográfico, utilizando softwares sofisticados, oferecem oportunidade de associar a mais alta resolução temporal — alguns milésimos de segundo — com uma boa resolução espacial, permitindo uma análise das áreas corticais ativadas ou a localização das fontes geradoras dos impulsos elétricos. Ela também possibilita realizar o estudo de potenciais evocados relacionados a determinados eventos, detectando o tempo e a localização cortical com alta precisão, identificando em mínimas frações de tempo o registro emocional positivo ou negativo. A eletroencefalografia é a ferramenta que pelo seu custo e portabilidade é a mais utilizada em estudos de neuromarketing e neuropropaganda, e vem obtendo ótimos resultados, como nos dois exemplos apresentados aqui — a avaliação do comercial vitorioso da Volkswagen e o pós-teste do pronunciamento de Dilma Rousseff — além dos outros mostrados nos demais capítulos.

Bandas de frequência cerebral

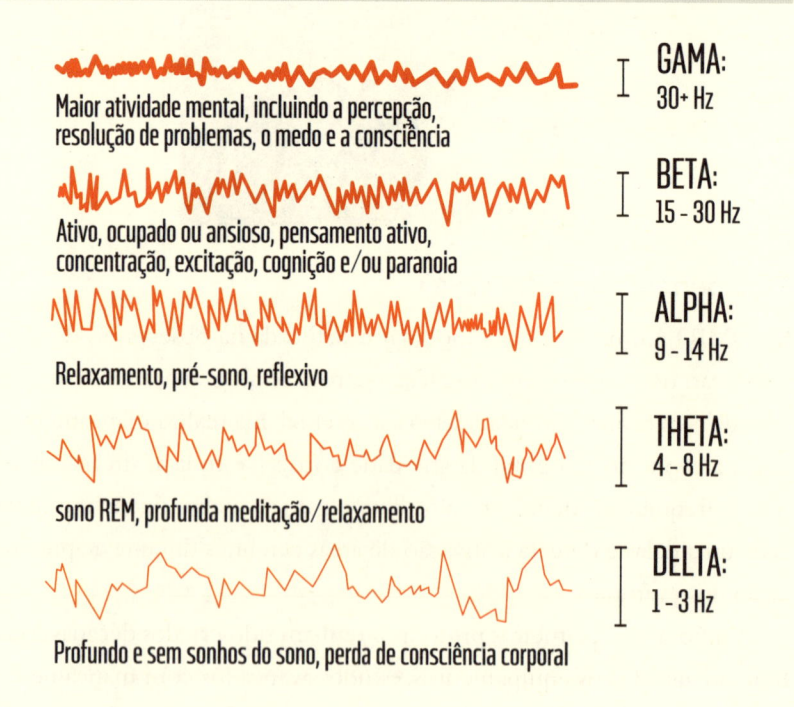

GAMA: 30+ Hz
Maior atividade mental, incluindo a percepção, resolução de problemas, o medo e a consciência

BETA: 15 - 30 Hz
Ativo, ocupado ou ansioso, pensamento ativo, concentração, excitação, cognição e/ou paranoia

ALPHA: 9 - 14 Hz
Relaxamento, pré-sono, reflexivo

THETA: 4 - 8 Hz
sono REM, profunda meditação/relaxamento

DELTA: 1 - 3 Hz
Profundo e sem sonhos do sono, perda de consciência corporal

Testando sua campanha: adicione neurotestes 199

Eye tracker

É uma tecnologia de rastreamento que analisa o percurso do olhar sobre o material de estímulo apresentado — sites na internet, comerciais de TV, páginas impressas, gôndolas de supermercados, logomarcas, filmes, ou qualquer outro material de estímulo visual.

O movimento do olhar na maioria das vezes não é conscientemente determinado. Seu foco muda de um lugar para outro, constantemente. Essas mudanças são chamadas "saccades" e ocorrem cerca de cinco vezes a cada segundo, e cada vez que acontecem interrompem o fluxo de informações para o cérebro. A pausa entre os rápidos momentos de mudança é chamada de fixação.

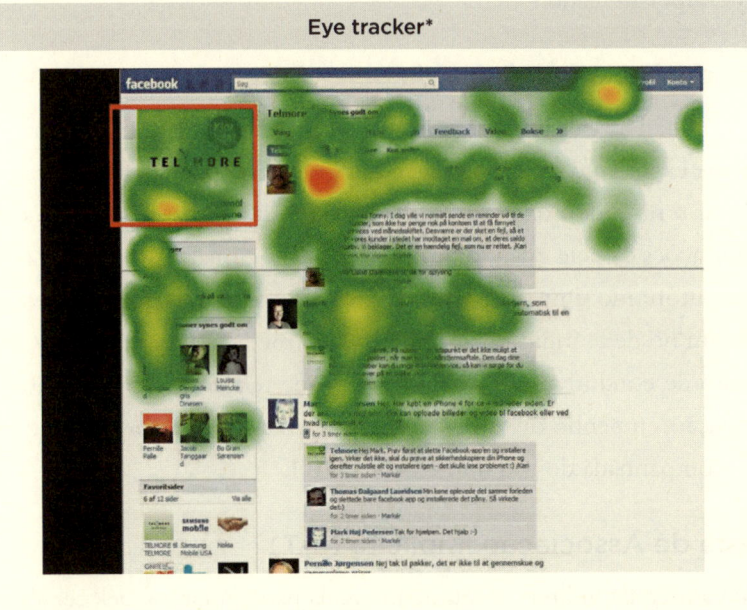

Eye tracker*

As análises baseiam-se nas variações observadas na dilatação das pupilas, no piscar dos olhos, no movimento do globo ocular e na direção do olhar. A trajetória é depois comparada com a evolução da

---

* Disponível em: < https://www.youtube.com/watch?v=eO1Atv-nM2o >.

atividade cerebral e fisiológica para compor uma análise global. O eye tracker gera mapas analíticos como o Heat Map, que apresenta a medição dos momentos em que o olhar está relativamente fixo, codificando informações, e o Gaze Plot, que mostra a sua trajetória, fornecendo um traçado dinâmico que aponta onde esteve dirigida a atenção em um campo visual determinado. No teste do filme *The force*, da Volkswagen, apresentado antes, uma produção detalhada com múltiplos elementos, o eye tracker ajuda a avaliar se os aspectos centrais da trama atraíam, de fato, o foco dos espectadores. Nos dois exemplos a seguir, o *Heat Map* foi utilizado para avaliar a leitura de uma página de referências no Google e a observação por consumidores de uma gôndola de supermercado.

Condutância galvânica da pele (SCR)

A condutância galvânica da pele, ou resposta eletrodérmica, é um método que capta mudanças sutis na pele, registrando a atividade elétrica para indicar o nível de excitação fisiológica no indivíduo. A ferramenta capta as variações da pele quando uma resposta emocional ativa o sistema nervoso autônomo simpático. Para isso, são colocados dois pequenos eletrodos, um no dedo indicador, outro no dedo médio da mesma mão. O aumento de condutividade da epiderme pode refletir níveis crescentes de exaltação, empenho ou estresse. A SCR ganha em poder analítico quando acompanhada do uso do EEG ou *f*MRI.

Teste de Associação Implícita (IAT)

É uma medida indireta comumente usada para tentar estabelecer a força da associação entre conceitos, flanqueando o pensamento consciente. As diferenças na latência das respostas para produtos, marcas ou mensagens, expostos simultaneamente a conceitos positivos ou negativos, são consideradas medidas de valência emocional, como vimos antes nas conclusões do estudo internacional sobre campanhas antitabagistas.

Associação implícita		
NÃO	NÃO SABE	SIM

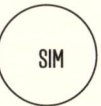

Variação dos batimentos cardíacos (HRV) e eletrocardiografia

A eletrocardiografia mede a variação dos potenciais gerados pela atividade elétrica do coração. A frequência cardíaca e a pressão arterial, por sua vez, refletem respostas corporais, emocionais e inconscientes, a situações que são mais ou menos empolgantes e/ou estressantes. Quando usadas em conjunto com registros da atividade elétrica cerebral (EEG) e da condutividade da pele (SCR), proporcionam uma imagem detalhada de como o indivíduo reage a determinadas situações de estímulo. Também, em geral, são utilizadas acopladas a outros métodos.

Reconhecimento da expressão facial (FER)

A expressão facial, como resultado da ação direta do sistema nervoso, chama atenção desde Charles Darwin. Quando vemos um comercial na tela, 75% do nosso olhar se direcionam para os rostos que aparecem ali. Faces são emocionalmente contagiantes, daí a necessidade de verificarmos com precisão o que elas expressam na propaganda para cada público-alvo.

O reconhecimento da expressão facial é uma medida biométrica que permite avaliar as expressões emocionais dos músculos faciais. É um método bastante sensível. Respostas como sorriso, franzir de testa ou mesmo pequenas e quase imperceptíveis reações involuntárias são percebidas por este dispositivo.

Reconhecimento da expressão facial

Microexpressões, como afirma um dos maiores especialistas na área, Paul Ekman, são inconscientes, muito rápidas, durando menos que a quinta parte de 1 segundo, e são importantes porque quase sempre revelam a emoção que alguém está querendo reprimir ou esconder. Ekman, como você sabe, é o consultor da série *Lie to me*, da Fox TV.

Referências

AAKER, D. *Building strong brands*. Nova York: Simon & Schuster, 2009.

EKMAN, P. *Emotions revealed: recognizing faces and feelings to improve communication and emotional life*. Nova York: Saint Martin's Press, 2007.

PLASSMANN, H. et al. "Consumer neuroscience: applications, challenges, and possible solutions". *Journal of Marketing Research*, v. 52, n. 4, ago. 2015, p. 427-35.

NOBRE, A. *Uso das tecnologias de diagnóstico em neuromarketing: caso Coca-Cola vs Pepsi*. Dissertação de mestrado em Marketing. Coimbra: Faculdade de Economia da Universidade de Coimbra, 2012.

RISSMAN, J.; WAGNER, A. "Distributed representations in memory: insights from functional brain imaging". *Annual Review of Psychology*, n. 63, 2012, p. 101-28.

ROGERS, E. *A history of communication study: a biographical approach*. Nova York: Free Press, 1994.

VENKATRAMAN, V. et al. "Predicting advertising success beyond traditional measures: new insights from neurophysiological methods and market response modeling". *Journal of Marketing Research*, v. 52, n. 4, ago. 2015, p. 436-52.

WESTERN, D. *O cérebro político*. São Paulo: UniAnchieta, 2007.

YU-PING, C.; LEIF, D.; HSU, M. "From 'where' to 'what': distributed representations of brand associations in the human brain". *Journal of Marketing Research*, v. 52, n. 4, ago. 2015, p. 453-66.

ZALTMAN, G. "Rethinking marketing research: putting people back in". *Journal of Marketing Research*, v. 34, n. 4, 15 nov. 1997, p. 424-37.

20
UBIQUIDADE: A MARCA OCUPANDO TODO O CÉREBRO

Visualmente, uma degustação de vinhos é muito instigante. Um sommelier apresenta as garrafas. Os formatos diferem de acordo com o produtor; as mais finas e proporcionais; as com maior diferença de diâmetro entre o pescoço e a base; umas um pouco mais compridas que as outras. Há também pequenas alterações nos tons de verde do vidro. Os rótulos são um espetáculo à parte, como o criado pela tradicional vinícola portuguesa de Luís Pato, com o desenho do próprio dono fazendo careta. Os rótulos clássicos como o chianti Isole e Olena também são muito atrativos. A garrafa pode ser de 2009, mas a impressão que se tem é que se está prestes a degustar um vinho do século retrasado em uma trattoria na Itália. O momento crucial é quando os vinhos são servidos e os participantes se colocam a analisar as cores do líquido com todas as minúcias.

Pegar a taça é uma experiência tátil reveladora, o recipiente deve ser confortável não apenas à mão, mas também à boca. Nesse momento você aciona as áreas que ocupam maior espaço no córtex somatossensorial. Antes de beber, qualquer iniciado sabe, mesmo os que debocham do hábito — é preciso acionar o olfato e com muito esmero identificar as sutis notas que chegam ao nariz, desde a mais poderosa até a mais sutil, quase imperceptível. E os participantes se animam brindando, quando a audição é acionada com os desejos de saúde e o "tim-tim" das taças. Por fim, bebe-se em busca do derradeiro e maior prazer: o gosto.

Não há dúvida de que uma degustação de vinhos é um grande estímulo para o cérebro. Esse tipo de atividade é uma febre mundial que rende muito dinheiro para vinícolas, restaurantes, bares, sommeliers, enólogos e enófilos. Também não é difícil — mesmo para os abstêmios — entender que uma atividade que estimule tantos sentidos possa ser tão prazerosa e gratificante. O cérebro se autorrecompensa quando é estimulado.

O cérebro adora informações, melhor ainda se utilizar todos os sentidos para saber mais, tudo imediatamente. Os atos de descobrir e saber — ativados pelos sentidos — estimulam o circuito da dopamina, o neurotransmissor do prazer. Ela também é muito importante para que tomemos iniciativas. Ou seja, quem tem um cérebro com grande ação dopaminérgica está mais propenso a ser ativo, curioso e estimulado.

Ubiquidade é uma chave de ouro na relação entre marcas e consumidores. Claro que não é uma tarefa fácil. Nem todos os produtos permitem estimular tantos sentidos no cérebro. Mesmo que nem todos eles sejam usados, a marca precisa ocupar muito espaço na mente do consumidor. O cérebro está sempre em busca de novidades, surpresas, estímulos e novas plataformas. A neuropropaganda pode ajudar as marcas a ocuparem um grande espaço no cérebro do consumidor. Há bons exemplos de sucesso.

O circuito do prazer

Ocupar o cérebro do consumidor é sobretudo acionar o circuito do prazer. A mente está sempre em busca de movimento. E as ações prazerosas são as que dão maiores recompensas. Do amor maternal, passando pela alegria de ir bem em uma prova do colégio, assistir ao show da banda favorita e fazer sexo, até o uso de drogas pesadas como LSD, a sensação de prazer está relacionada ao ciclo de alguns neurotransmissores. Um dos principais é a dopamina, que tem ação estratégica para o consumo.

Marcas que estão muito presentes nas mentes dos consumidores têm sucesso quando trabalham em duas áreas: o córtex pré-frontal, o centro racional, e a amígdala, o centro das emoções. E essas duas áreas são receptoras de dopamina. Ou seja, uma campanha que estimula o prazer sensorial terá córtex pré-frontal e amígdala mais receptivos às compras. No ciclo do prazer, há outra área também muito importante para a recepção desse hormônio: o núcleo accumbens — que tem fundamental importância na conquista de consumidores.

Localização de importantes receptores de dopamina

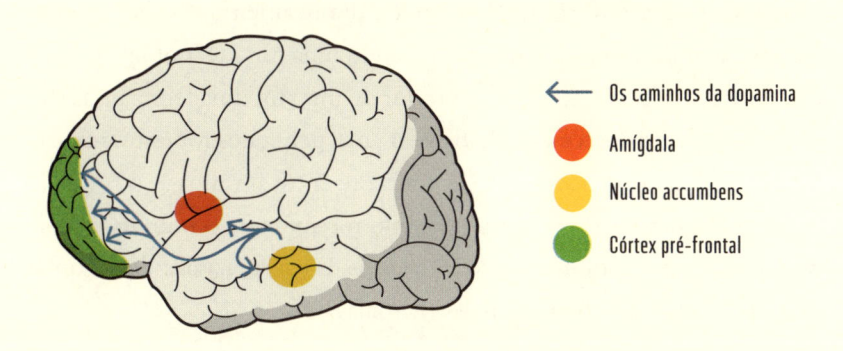

← Os caminhos da dopamina
● Amígdala
● Núcleo accumbens
● Córtex pré-frontal

Lembre-se de que o projeto do nosso cérebro não foi alterado nos últimos 100 mil anos. Nossos antepassados mais distantes, para sobreviver, precisavam de comportamentos que hoje adjetivamos como compulsivos — comer gordura, dormir muito, aprender com velocidade, fazer bastante sexo e conseguir a todo custo a aprovação do grupo. Nosso cérebro nos recompensa por atividades assim até hoje. Além disso, ouvir músicas, ver filmes e ler são algumas atividades "recentes" que nos dão muito prazer. Beber e usar drogas também entram nesse pacote, assim como fazer exercícios e comprar. O núcleo accumbens é fundamental para esses comportamentos por ter grande capacidade de receber dopamina.

Um mundo cercado por maçãs

Tente se lembrar do fone de ouvido que você usava na década de 1990. Ou lembre-se do fone mais usado naquela época, o mais vendido, o fone da moda. Não se preocupe se não conseguiu se lembrar com exatidão. Os fones de ouvido surgiram em 1919, para serem usados por pessoas que trabalhavam com rádio, telefonia e na aviação. Na década de 1930, foram lançados, pela alemã Beyerdynamic, os primeiros headphones de uso doméstico. Em 1958, o jazzista John Koss criou o primeiro fone estéreo. Na década de 1980, os fones se popularizaram, ficaram mais ergonômicos e ganharam as ruas com o advento do "walkman".

Mas em agosto de 2001, algo mudou drasticamente. Os fones de ouvido passaram a definir quem estava usando uma nova tecnologia portátil para ouvir música. O novíssimo tocador de mp3 foi uma febre. Pelas ruas dos EUA, jovens descolados desfilavam com pequenos fones brancos. O design era inovador, mas o simples contraste entre as roupas e o fio branco chamava muita atenção. No Natal do mesmo ano, o mundo já sabia: o iPod da Apple era um sucesso de vendas. E não precisava de pesquisa: os milhares de fones brancos pelas ruas falavam por si.

iPod Apple: *Silhouette.* Outdoor
Agência TBWA

O efeito iPod pode ser explicado pelos neurônios-espelho e pelo impacto que o sentimento gregário tem no desejo de compra. Mas não é só isso. A Apple é o exemplo mais perfeito de ubiquidade na publicidade mundial.

É impossível dizer se a Apple se tornou uma marca icônica mundialmente antes ou depois de criar uma legião de fãs apaixonados tal qual uma seita religiosa. Não são poucas as pessoas que tatuam a maçã mordida ou que ficam em filas quilométricas para comprar lançamentos da empresa. O mais correto é cravar que a Apple conseguiu ocupar a mente dos consumidores de forma completa. O prefixo "i" é um exemplo de alcance da marca além do produto. Coloque qualquer nome de produto após o "i" e você saberá qual é a marca sem precisar escrever Apple.

Visualmente, Steve Jobs criou um case de sucesso. Fontes, ícones e formatos elegantes eram obsessões dele. A simplicidade da logomarca, os computadores de plástico colorido, o MacBook branco — o fone branco —, o formato inovador dos iPhones. As caixas brancas quase sem nenhum desenho ou palavra, os manuais quase sem explicações porque os aparelhos da Apple funcionam quando são ligados e não precisam de muitas orientações. Sempre quando se vê um produto Apple, escrever o nome seria uma redundância desnecessária, tamanha a participação que a empresa tem em várias áreas das mentes dos consumidores.

A forma como tocamos os aparelhos Apple também é inovadora. Mesmo que todos imitem os procedimentos criados, arrastar ícones com as pontas dos dedos por uma tela se transformou numa marca dos iPods, iPhones e iPads.

A publicidade da Apple ainda fomentou a rivalidade com a Microsoft. Ter um inimigo facilmente reconhecível fascina o cérebro. Escolher um lado é estimulante para o circuito do prazer, como mostram os torcedores de futebol ou as tribos políticas nas disputas eleitorais.

Entre maio de 2006 e outubro de 2009, a Apple lançou a campanha *Get a Mac*, que foi considerada pela revista *Adweek* a melhor da primeira década deste século. Os comerciais eram simples. O ator Justin Logan representava o computador Mac, com aparência, roupas e linguajar descolados. E John Hodgman era o PC, com ternos mal-alinhados de cores sem graça, estilo de nerd e linguajar sem nenhum charme. As peças simplesmente demonstravam como o Mac é mais "legal" e funcional que um PC. Uma bandeira levantada há décadas pelos "macmaníacos".

Mac, Apple: *Get a Mac.* **30'''***
Agência TBWA

Steve Jobs usou ainda a própria figura, como relações-públicas, para elevar a Apple a um patamar superior na comunicação. Seus discursos nas apresentações dos produtos viraram febre na imprensa e nas redes sociais. Ele se apresentou como líder dos fãs e foi muito bem aceito como guru. Sempre que aparecia, a expectativa era por novidades. Jobs sabia que o rosto do presidente traz confiança para os consumidores. Ele sempre apostou no poder do ineditismo nos cérebros consumistas. Os produtos Apple são mantidos em absoluto sigilo até que estejam prontos e haja uma data marcada para o início da venda. Não importam os boatos ou os apelos dos fãs quanto a esta decisão. A compulsão pelo

---

* Disponível em: <https://www.youtube.com/watch?v=DZSBWbnmGrE>.

novo é combustível para o cérebro sedento por novidades e pela recompensa do circuito do prazer.

Referências

ARON, A. et al. "Reward, motivation and emotion systems associated with early-stage intense romantic love". *Journal of Neurophysiology*, v. 94, 2005, p. 327-37.

FELTEN, D.; SHETTY, A. *Atlas de neurociência*. Rio de Janeiro: Guanabara Koogan, 2009.

IZUMA, K.; SAITO, D.; SADATO, N. "Processing of social and monetary rewards in the human striatum". *Neuron*, n. 58, 2008, p. 284-94.

LINDEN, D. *The accidental mind: how brain evolution has given us love, memory, dreams, and god*. Cambridge: Belknap Press, 2007.

MONTAGUE, P. *Your brain is (almost) perfect: how we make decisions*. Nova York: Plume, 2006.

NUDD, T. "Apple's 'Get a Mac', the Complete Campaign Hodgman and Long, ad characters for the ages". Veiculado em: 13 abr. 2011. Disponível em: <www.adweek.com>.

PINKER, S. *How the mind works*. Nova York: Norton & Company, 2009.

21
VISUAL E AUDITIVO: MELHOR EM DUPLA DO QUE SEPARADOS

Fábio Ricardo, de 7 anos, é mais uma criança apaixonada por futebol. Pela primeira vez, ele vai à Arena Palmeiras para ver o seu time do coração. O estádio está lotado: são 35.163 pessoas cantando, gritando, batucando, balançando bandeiras e se emocionando com o jogo entre o alviverde paulista e o Fluminense. Fábio Ricardo mal consegue ouvir o pai, que tenta lhe dizer que está otimista quanto à vitória.

Na expectativa da entrada do time em campo, a torcida palmeirense começa a cantar ainda mais empolgada e a estourar fogos de artifício. O menino fica arrepiado. Ele consegue enxergar a torcida do adversário, do outro lado do estádio, também cantando sem parar, com suas camisetas e bandeiras tricolores. É quando o time do Palmeiras entra em campo e a torcida delira. Uma euforia tão intensa que o menino fica prestes a chorar. O coração bate acelerado, o rosto fica vermelho. O pai de Ricardo também está eufórico e o pega no colo. Fábio chora e tenta encontrar seu ídolo, o meio-campista Zé Roberto, lá embaixo no campo.

Toda a experiência visual do pequeno Fábio Ricardo está longe de poder ser explicada pela simples captação de fótons — as partículas formadoras da luz — pela retina. Esse é apenas o início de um processo complexo. Enquanto Fábio observa todas as ações dentro do estádio, o cérebro começa a se engajar na interpretação dos estímulos para criar imagens factíveis. A realidade é criada no cérebro. O córtex visual é a área responsável pelo processo que vai conseguir dar sentido às imagens. Antes de ter a realidade construída pelo cérebro, a visão não tem qualidade HD, está mais para um quadro de um pintor impressionista, sem linhas delimitadoras, nem contrastes fortes. A imagem tem um dégradé suave entre as cores, mas o cérebro precisa fazer surgir a compreensão das formas, para ser coerente com nossa cognição.

Se a visão fosse apenas uma ação da retina, as alternâncias de cores não fariam sentido, demonstrando um mundo sem formas. Fábio não conseguiria perceber que Zé Roberto está em campo e uma bandeira do Palmeiras tremulando seria um borrão. É a interpretação cerebral que mapeia as nuances da intensidade da luz — em milésimos de segundos — para formar uma descrição sensitiva em nossa consciência. Sem a interpretação do cérebro, a visão de uma paisagem — como um estádio de futebol lotado — seria composta de informações confusas e contraditórias.

O processo de interpretação da visão começa no córtex pré-frontal, enquanto o córtex visual começa a fazer uma análise mais detalhada. A imagem detalhada chega ao córtex pré-frontal 50 milissegundos depois, por isso a mente vê tudo em dobro. Logo que recebe a primeira mensagem, o córtex pré-frontal já começa a influenciar como a imagem deverá ser tratada. Assim, o mundo exterior começa a atender nossas expectativas. Por isso, ver é uma interpretação muito pessoal. Na verdade, a expressão "ver com os próprios olhos" deveria ser "ver com o próprio cérebro". Ver é também imaginar, e este conceito está intimamente ligado à relação dos consumidores com a campanha.

Quando vemos um filme, um quadro, mesmo uma fotografia, nosso cérebro constrói sentidos. A mente se impõe aos olhos. Comerciais que estimulam a imaginação, que exercitam a capacidade criativa e a curiosidade, terão, portanto, mais sucesso. Ao mesmo tempo, na criação do sentido da visão, o cérebro busca simplificar a mensagem e procurar um foco, no caso de o cenário ser poluído demais. Como o cérebro de Fábio Ricardo fez com precisão, ao encontrar o ídolo Zé Roberto, a uma longa distância, entrando em campo.

Com a audição, a dinâmica é diferente. O sentido da audição é muito mais fidedigno ao estímulo. Enquanto Fábio Ricardo ouvia a torcida gritando, o cérebro procurava encontrar um padrão tonal e rítmico. E, para tanto, a mente se excita e todo o corpo reage. As pupilas se dilatam, a pressão arterial sobe e a pulsação acelera. Até o cerebelo, área responsável pelo equilíbrio, fica mais ativo, e as pernas recebem mais sangue. O menino fica com vontade de pular. Até que o refrão seja entoado de novo — e o cérebro perceba o padrão —, a descarga emocional só aumenta. E, quando o coro volta ao início, o cérebro recebe uma descarga de dopamina, o neurotransmissor responsável pela sensação de prazer.

Os sons têm um impacto muito grande nas emoções graças à íntima relação entre o córtex auditivo e a amígdala. Assim, a experiência auditiva tende a ser memorizada de forma quase idêntica à original. Mas, em meio a tanto barulho a que somos submetidos o tempo todo, como é que conseguimos distinguir sons? O córtex auditivo sempre procura notas, em meio à cacofonia. É a frequência que interessa ao cérebro. É por isso que a música nos atrai tanto. Um coro canta no mesmo tom, apesar de cada pessoa produzir ondas sonoras bem diferentes, assim como acontece com os instrumentos de uma orquestra sinfônica. A música surge de cérebros ávidos por encontrar qualquer padrão sonoro. O córtex auditivo interpreta a música como algo contínuo e tenta o tempo todo prever os próximos compassos.

Uma mensagem pode ser passada de forma mais fácil com o auxílio de uma música facilmente reconhecida pelo cérebro. Caso o padrão do som seja rapidamente identificado pelo córtex auditivo, o cérebro pode focar em outra mensagem com maior facilidade. Entretanto, um som novo pode prender a atenção do cérebro ávido por descobrir padrões tonais. É preciso pesar as consequências e testar as possibilidades para compreender o impacto auditivo de uma campanha, de acordo com a intenção da mensagem. Enquanto trabalha completando e dando sentido para as imagens, o cérebro busca padrões de sons incansavelmente. Como quase sempre estão juntos, os estímulos visuais e auditivos nos infligem a emoção da incerteza e descarregam excitação e prazer.

"Eu quero ver pipoca pular"

A frase implora por um estímulo visual: deliciosas pipocas pulando. Mas se você viveu o início da década de 1990, com certeza, se lembrou de uma música. Um grande sucesso da propaganda brasileira foi o comercial *Pipoca e guaraná*, criado em 1991. Além do jingle que contagiou o país, o comercial continha cenas simples do milho na panela e das pipocas estourando, sendo derramadas em tigelas e em cima de uma mesa. Estas cenas se revezavam com o rótulo do Guaraná Antarctica e da icônica garrafinha verde sendo aberta.

As imagens estimulavam o desejo de beber o refrigerante, enquanto a música marcava a mensagem na memória. Em nenhum momento a música cita o nome da marca, mas não é necessário: visual e auditivo estão perfeitamente sincronizados. A campanha, criada para aproximar os jovens, que eram a faixa etária de menor consumo da bebida, criou conexões duradouras.

Lições no cinema

A importância da sincronia entre imagem e som tem explicação emotiva. Apesar de terem funcionamento distinto, os córtices visual e auditivo trabalham para o mesmo contexto sensorial. Sons e imagens precisam estar em perfeita sintonia para que a emoção contamine todo o cérebro e arrebate a atenção do espectador. O cinema, inspiração constante para a publicidade, tem exemplos de como casar com perfeição áudio e vídeo. O filme *Missão: impossível*, de 1996, começa com uma sequência de ação com a famosa cena onde o personagem representado por Tom Cruise fica pendurado em uma corda, a centímetros do chão, prestes a disparar um alarme e colocar toda a missão em risco. Depois que tudo dá certo para o mocinho, entra a abertura do filme, que remete à série da década de 1960, com a inconfundível música-tema composta pelo pianista argentino Lalo Schifrin. O rápido ritmo do piano seguido da percussão forte são os ingredientes perfeitos para as imagens com cortes rápidos na edição, mostrando os personagens principais do filme que acaba de começar e algumas cenas de ação. É certeiro. O espectador — mesmo que não seja fã da série — fica tomado pela sequência emocionalmente excitante criada pelo diretor Brian de Palma, um mestre em dominar o público com cenas de ação.

Na cena crucial do multipremiado *O discurso do rei*, de 2010, George VI, em interpretação aclamada de Colin Firth, está no momento mais grave de sua vida. De frente a um microfone e ao fonoaudiólogo autodidata Lionel Logue, representado pelo ator Geoffrey Rush, ele fala para toda a Grã-Bretanha, declarando guerra à Alemanha. Como se já não bastasse o impacto da ação, o rei sofria de uma grave gagueira e era incapaz de discursar até conhecer Logue e suas técnicas controversas. Logue envolveu a sala com panos para que o rei mantivesse a atenção no texto e em sua regência. Quando George VI inicia o discurso — a tensão é clara na cena —, Logue, como um maestro, marca o ritmo da leitura. E, como se estivesse já em guerra, o rei luta contra a gagueira. A trilha do discurso é o segundo movimento da 7ª Sinfonia de Beethoven. A força alcançada é imensa, assim como a magistral sequência de cortes planejada pelo diretor do filme, Tom Hooper. No fim da cena, a música se encerra, e após segundos de silêncio o diretor corta para cenas de pessoas aplaudindo emocionadas o discurso do rei.

Estes dois momentos do cinema comprovam como a sintonia entre imagem e som é um combustível fundamental para a emoção. Isso acontece porque os córtices visual e auditivo estimulam um ao outro, multiplicando a sensação em menos de 200 milissegundos.

A trilha sonora da vida

Repare quantas pessoas na rua estão com fones de ouvido. Dentro dos carros, o aparelho de som é peça quase tão fundamental quanto o motor. O poder emocional da música comumente é relacionado aos prazeres da vida, como viajar, festejar, amar, comer... Toda cultura tem íntima relação com a música, que talvez seja a manifestação artística mais antiga. Arqueólogos encontraram ossos de mamutes esculpidos como flautas de 43.000 anos, em uma caverna no sul da Alemanha. As pinturas rupestres de Lascaux são 24.000 anos mais recentes.

Mas foi apenas em fevereiro de 2016 que uma área específica do cérebro foi relacionada com a compreensão dos sinais de música. Um estudo comandado pelos neurocientistas Nancy Kanwisher, Josh H. McDermott e Sam Norman-Haignere, do Instituto de Tecnologia de Massachusetts, revelou uma nova e radical abordagem do córtex auditivo. Eles descobriram que algumas vias neurais reagem quase que exclusivamente ao som da música. E pode ser qualquer uma: jazz, Mozart, bossa nova ou sertanejo universitário. Não importa se a pessoa ama o gênero musical ou tenha aversão. Além disso, todos os outros tipos de sons – uma batedeira de bolo, uma enceradeira ou mesmo um helicóptero – não têm efeito sobre esta área. Inclusive, as partes do córtex auditivo destacadas para a compreensão musical são também distintas das especializadas em compreender a fala humana.

O cérebro ter uma área específica que serve como sala de música nos ajuda a compreender por que nos sentimos tão bem quando acrescentamos trilha sonora à vida. Este é um dos motivos do estrondoso sucesso do Spotify, um aplicativo criado em Estocolmo, em 2008. Conquistando, em sete anos, mais de 70 milhões de usuários. O consumidor pode navegar por músicas como se fosse uma rádio. Há uma modalidade de conta premium, onde se paga para ter acesso às músicas sem intervalos comerciais, com melhor qualidade de áudio e a possibilidade de ouvi-las off-line. Os usuários podem ainda criar listas e compartilhar com sua rede. Em um mundo onde boa parte das pessoas parece plugada em fones de ouvido o dia inteiro, o Spotify apresenta uma solução barata para criar a trilha sonora da própria vida. E, em 2014, a campanha publicitária retratou exatamente isso.

Spotify: *#thatsongwhen — I'm a drifter again*. 60"*
Agência David/Ogilvy

Os usuários foram estimulados a contar cenas marcantes de suas próprias vidas e relacioná-las com alguma música. Ou seja: uma combinação perfeita da primordial função do aplicativo com emoções pessoais. Publicitários, então, escolheram as melhores histórias e as gravaram como comerciais que foram veiculados na internet. Em um dos vídeos, Jason conta que perdeu o terceiro emprego seguido e encarou tudo como se fosse uma estrela do rock dos anos 1980, ao som de "Here I Go Again", da banda Whitesnake. O vídeo é engraçado, tem uma mensagem estimulante e positiva, além de contar com a trilha sonora perfeita: a que emocionou o personagem principal e verdadeiro.

* Disponível em: <https://www.youtube.com/watch?v=FCnYokhQ8r8>.

Referências

ANGIER, N. "New Ways Into the Brain's 'Music Room'". Veiculado em 8 fev. 2016. Disponível em: <http://www.nytimes.com/2016/02/09/science/new-ways-into-the-brains-music-room.html?smid=fb-nytscience&smtyp=cur&_r=1>.

BBC News. "Earliest music instruments found". Veiculado em 25 mai. 2012. Disponível em: <http://www.bbc.com/news/science-environment-18196349>.

BRADSHAW FOUNDATION. "The Cave Paintings of the Lascaux Cave". Disponível em: <http://www.bradshawfoundation.com/lascaux/>.

BRANDLEY, D.; BORN, R. "Structure and function of visual area MT". *Annual Review of Neuroscience*, n. 28, 2005, p. 157-89.

DALGEISH, T. "The emotional brain". *Nature Neuroscience*, v. 5, 2004, p. 583-89.

FELTEN, D.; SHETTY, A. *Atlas de neurociência*. Rio de Janeiro: Guanabara Koogan, 2009.

LEHRER, J. *Proust foi um neurocientista*. Rio de Janeiro: BestSeller, 2010.

NORMAN-HAIGNERE, S.; KANWISHER, N.G.; MCDERMOTT, J.H. "Distinct Cortical Pathways for Music and Speech Revealed by Hypothesis-Free Voxel Decomposition". *Neuron*, 2015. Disponível em: <http://www.ncbi.nlm.nih.gov/pubmed/26687225>.

PASLEY, B. et al. "Reconstructing speech from human auditory cortex". *PLoS Biology*, 31 jan. 2012, p. 78-89.

SACKS, O. *Alucinações musicais: relatos sobre a música e o cérebro*. São Paulo: Companhia das Letras, 2007.

SCHNUPP, J.; NELKEN, I.; KING, A. *Auditory neuroscience: making sense of sound*. Boston: MIT Press, 2010.

22
X DA QUESTÃO: NEUROPROPAGANDA NÃO É NEUROBOBAGEM

Neuropropaganda é usar o conhecimento gerado pela neurociência para desenvolver a publicidade de marcas e produtos e analisar com neurotecnologia a reação dos consumidores a ela. É um ramo específico do neuromarketing e, assim como ele, também se alimenta dos achados da neuroeconomia que estendeu os insights psicológicos adicionando métodos neurocientíficos para analisar e entender o comportamento econômico relevante.

A neuroeconomia, focada nos processos de tomada de decisão econômica — reação a preços, fatores de compra, escolhas, avaliação de perdas e ganhos, entre outros —, tem registrado um grande avanço teórico e se desenvolveu como uma disciplina acadêmica hoje presente em dezenas de centros universitários em todo o mundo. Embora utilize regularmente produtos e marcas conhecidos como objetos de análise, tais estudos em geral não são realizados sob encomenda das corporações.

Uma dessas pesquisas neuroeconômicas comportamentais que se tornou um clássico mostra bem como tais métodos ajudam a compreender o comportamento da nossa mente quando vamos às compras. Em 2007, o professor Brian Knutson da Universidade Stanford, nos Estados Unidos, e sua equipe decidiram investigar a possibilidade de prever o comportamento dos consumidores analisando apenas a atividade neural e elaboraram para isso um experimento bastante simples.

Inicialmente, foi exposta na tela por alguns segundos a imagem de produtos e marcas, entre eles uma caixa de chocolates Godiva; após esse momento o preço era então apresentado; na terceira e última etapa os participantes deviam apertar um botão respondendo se queriam ou não comprar os chocolates. Cada etapa durava 4 segundos. A pesquisa usou imagens de ressonância magnética funcional (*f*MRI) que mostraram a ativação do sistema de recompensa quando os participantes viam a imagem do produto. A memória positiva associada com a marca gerou uma expectativa de prazer elevada. Na etapa seguinte, quando o preço foi exibido, entrou em ação uma parte diferente do cérebro, a ínsula, ativada quando sentimos dor física ou social. Ou seja, a necessidade de pagar pelos produtos, de abrirmos mão do nosso dinheiro, algo bastante valorizado, é codificada como uma experiência dolorosa. Quem vence? A recompensa ou a dor? Vai depender do valor indexado ao produto pela comunicação da marca. Quanto mais a recompensa distanciar-se da dor, maior a chance de você comprar aquele belo automóvel cuja imagem poderosa e simbólica teima em lhe enfeitiçar.

Experimento com o chocolate Godiva

Neuromarketing

Embora tenha surgido em ambientes acadêmicos — a expressão "neuromarketing" é atribuída ao professor Ale Smidts, da Universidade Erasmus, em Roterdã, Holanda —, a atividade prosperou fora do meio universitário e o número de empresas que se identificam com ela é crescente em todo o mundo. Diferentemente da neuroeconomia, o propósito aqui, conforme foi anunciado pelo professor holandês na conferência em 2002 na qual batizou o termo, é ajudar diretamente as marcas a "aumentar a eficiência das ações de marketing estudando as respostas cerebrais".

Para avaliar os fatores envolvidos na escolha dos produtos, uma pesquisa realizada em 2004 obteve grande repercussão pelos ícones envolvidos: Coca-Cola e Pepsi, uma batalha de marketing mais que centenária. O neurocientista Read Montague, do Baylor College of Medicine em Houston, Estados Unidos, escaneou com *f*MRI o cérebro de quarenta pessoas experimentando amostras das duas bebidas, não identificadas, como em um teste às cegas de produtos. Em todos os participantes foram acionadas as regiões associadas à sensação de satisfação e, em consequência, no quesito sabor ficaram empatadas.

Numa segunda fase, os participantes foram expostos às latas de Coca-Cola e Pepsi antes de ingerir as bebidas, para determinar o efeito do conhecimento da marca na atividade cerebral. Outra área predominou no córtex pré-frontal medial associada ao sentimento de fidelidade. A explicação para isso? Três quartos dos participantes declararam preferir Coca-Cola. Ao saberem que iam ingerir sua bebida predileta seu cérebro reiterava a ligação emocional com a marca. Só ao observar a embalagem, sem nem tomar o primeiro gole, elevavam-se os níveis de dopamina, o hormônio responsável pelo desejo e pela motivação. Um prêmio ao investimento em marketing e publicidade coerente que construiu um engajamento emocional duradouro com seus consumidores.

Outro estudo, publicado no mesmo ano, liderado por Samuel M. McClure, da Universidade do Arizona, nos Estados Unidos, aprofundou a investigação desse tema utilizando as imagens de 67 indivíduos para entender como as mensagens culturais moldam fortes preferências no cérebro dos consumidores, apesar de os produtos terem composição química semelhante. A experiência sensorial gerou uma ativação relativa do córtex pré-frontal ventromedial, considerado capaz de antecipar escolhas, mas isso era apenas uma parte da reação. Quando tomaram conhecimento da marca da bebida que iriam ingerir, outras áreas — o córtex pré-frontal dorsolateral, o hipocampo e o mesencéfalo — entraram em ação, enviesando as preferências dos participantes do estudo. Mais uma vez o impacto decorrente do conhecimento da marca Coca-Cola foi mais forte. Como você já sabe, não compramos simplesmente produtos, compramos as marcas e os sentimentos que elas emprestam aos mesmos. E a tomada de decisão é um prognóstico que fazemos baseado no passado experimentado e/ou aprendido.

Fora do circuito universitário, a NMSBA — Neuromarketing Science & Business Association —, em setembro de 2015, congregava 1.458 associados distribuídos em noventa países. E a maioria das grandes companhias de pesquisa tradicional abriu departamentos especializados nesse campo. A maior parte desse trabalho é desenvolvida para clientes em condições de absoluta confidencialidade, e embora a mídia tenha grande curiosidade sobre ele, muito pouco é acessado pelo público. Resta o que é dado a conhecer em colóquios, seminários ou vazamentos em press releases, para saciar em parte essa curiosidade que é crescente.

Em uma pesquisa de marketing olfativo realizada pelo NeuroLab Brasil em 2013, uma indústria de perfumaria testou a capacidade de sedução de uma fragrância masculina no público feminino. O estudo foi dividido em duas etapas. A primeira foi composta por quatro homens entre 20 e 35 anos, que aplicaram a substância após o banho da manhã, por todo o tórax, e em seguida vestiram uma camisa branca e nova. Depois de quatro horas elas foram recolhidas pelo laboratório, que as utilizaria como estímulo da segunda fase. Nesta etapa, colocaram-se sobre uma mesa as camisas utilizadas pelos homens (com o produto estudado) e outras de controle. Então, vinte mulheres destras e fora do ciclo ovulatório foram convidadas a cheirar as peças por 5 segundos. Suas reações foram medidas por um conjunto de técnicas: eletroencefalografia (EEG), condutância galvânica (SRC) e variação dos batimentos cardíacos (HRV). Os resultados mostraram que houve um aumento de emoções positivas entre elas, em torno de 10%, ao cheirarem as camisas com o perfume em questão. Novos testes estão a caminho para aprofundar e validar os achados.

Praticamente todo o leque de objetos e produtos do marketing tem se beneficiado dessa nova abordagem. Preferências por modelos de automóveis, a relação entre cores, cheiros e sabores de alimentos, o estímulo das distintas embalagens, a influência de feromônios em perfumes, a conexão entre eventos e seus patrocinadores, o papel da utilização em pontos de venda de determinadas cores, fragrâncias e tipos de música ambiente. E não se restringe a essa lista. Hollywood desde 2012 incorporou seu uso, começando por um estudo desenvolvido pelo instituto Innerscope. Nele, foram exibidos para mil indivíduos quarenta trailers de filmes a serem lançados, medindo-se o batimento cardíaco, a condutância da pele e acompanhando-se o olhar dos participantes através do eye tracker. Os resultados permitiram prever em cheio o desempenho das bilheterias no lançamento das películas. Os filmes cujos trailers não conseguiram um engajamento emocional elevado geraram menos de US$ 10 milhões no fim de semana da estreia. No caso oposto, aqueles com registro de alto engajamento ultrapassaram a marca dos US$ 20 milhões no mesmo período.

Ainda no campo da arte, saindo de filmes para música, um estudo também datado de 2012 desenvolveu um inédito prognóstico inteiramente neurológico de popularidade cultural. Gregory Berns e Sara Moore monitoraram a resposta cerebral de um grupo de 27 adolescentes para prever a preferência musical enquanto eles ouviam clips de 15 segundos de canções de músicos desconhecidos.

Identificaram uma ativação no striatum ventral — um forte preditor de disposição de compra — dos jovens correlacionada com o grau de preferência pelas músicas. As vendas de CDs foram acompanhadas nos três anos subsequentes e verificou-se que as respostas neurais daquela amostra de adolescentes haviam sido representativas do que se daria no mercado como um todo. Quanto mais ativação no striatum as músicas tinham produzido, mais sucesso e compras vieram a ser gerados.

Antes de entrar no supermercado você não gasta seu tempo precioso pensando na sopa que vai comprar. Pesquisa detalhada realizada para as Sopas Campbell's entre 2008 e 2010 buscou entender a relação dos clientes com os produtos da categoria e as respectivas embalagens. O estudo, conduzido por um grupo multidisciplinar de pesquisadores, que incluía Innerscope Research, Merchant Mechanics e Olson Zaltman Associates, recorreu a uma associação de técnicas neuropsicofisiológicas, com uso de eye tracker, reconhecimento da expressão facial dentro de lojas e aplicação de questionários quantitativos para subsidiar a empresa e sua comunicação. No primeiro momento perguntou-se aos participantes um motivo para eles tomarem sopa. A resposta: eles não costumavam pensar sobre isso. Em seguida foram realizadas diversas etapas da pesquisa desenhadas para responder essa questão.

Constatou-se, por exemplo, que a marca no topo da embalagem da sopa chamava mais atenção do que era necessário. Pessoas que demoravam mais explorando a variedade de sabores apresentavam maior engajamento emocional com o produto e colocavam maior número de embalagens no carrinho. Além disso, a colher presente na antiga marca provocava baixa resposta emocional. Como consequência, foram feitas alterações na embalagem e também na linha de produtos. Entre as mudanças, estão a troca do prato para um bowl; a imagem da fumaça saindo da sopa; o desaparecimento da colher; diferentes colorações para os diversos sabores, além da realocação da marca, que saiu da parte de cima para a de baixo.

Neuropropaganda

A neuropropaganda está para a publicidade assim como o neuromarketing está para o marketing. É uma espécie dentro do gênero naturalmente mais abrangente. Nesse território, neurotestes têm sido usados sobretudo na avaliação prévia de campanhas, como é apresentado no capítulo 19, "Testando sua campanha: adicione neurotestes", que traz vários exemplos e apresenta os principais métodos e técnicas. Sua utilização cresce a cada dia. Várias das principais marcas já são usuárias da nova metodologia. Em janeiro de 2013 foi anunciado que os líderes mundiais Unilever e Coca-Cola a partir dali lançariam mão de neurotestes para avaliação de todos os seus comerciais, juntando-se a outros gigantes das mais diversas categorias, como Google, Fox News, Campbell's e Estée Lauder.

Também têm sido úteis em pós-testes para avaliação da repercussão concreta de campanhas no mercado após sua veiculação, ou mesmo para responder dúvidas suscitadas em relação a filmes que estão no ar e que são por vezes submetidos ao bombardeio dos críticos.

Foi o que ocorreu diante da polêmica em torno das reações do público ao comercial de Natal de 2014 da Sainsbury's, uma rede de supermercados e lojas de conveniência do Reino Unido, que provocou algumas centenas de reclamações ao órgão regulador no país.

Os institutos Ipsos Mori e RealEyes monitoraram 263 pessoas usando reconhecimento de expressão facial. A peça publicitária resgatava um cenário da Primeira Guerra Mundial, e alguns insatisfeitos afirmavam na mídia que ela despertara no público um alto nível de aversão. A pesquisa colheu um resultado diferente. Havia uma resposta emocional positiva à relação proposta entre a marca e o exército britânico, especialmente no público de mais de 40 anos, que mostrou um maior nível de engajamento emocional.

Com 3,5 minutos de duração, o filme se desenvolve de forma lenta. Na primeira metade é baixo o envolvimento da audiência, mas na segunda parte o engajamento evolui de forma crescente e termina registrando o pico emocional mais elevado do comercial, como se observa no gráfico. Uma propaganda surpreendente, que remetendo a um cenário de guerra durante o período festivo faz uma alegoria sobre um fato real. Mostra um dia de Natal durante a batalha entre britânicos e alemães. Tem início com a imagem de um soldado recebendo um presente, e o lettering "Natal de 1914". Na sequência, ao som da tradicional música natalina "Noite feliz", cantada em inglês e alemão, ocorre um momento de trégua entre os adversários. Eles confraternizam, jogam futebol, sorriem e se abraçam até ouvirem a sirene que os obriga a reassumir seus lados no combate. O filme se encerra com uma surpresa, quando os soldados percebem emocionados que o "amigo" lhes havia deixado um presente. O roteiro foi baseado em episódios reais ocorridos durante a Primeira Guerra Mundial.

Sainsbury's: *Christmas 2014*. 3'30"*
Agência Abbott Mead Vickers BBDO

Mas nem só de pesquisas se compõe a neuropropaganda. Ela deve ser encarada como um paradigma que vai além do uso das novas métricas neuropsicofisiológicas, implicando a utilização sistemática do conhecimento gerado na neurociência que é relevante para a comunicação publicitária. Desse modo, ela deve permear todas as fases dessa atividade, desde o diagnóstico, passando pela estratégia, planejamento,

---

* Disponível em: <https://www.youtube.com/watch?v=Jdobquf1zms>.

criação e produção das campanhas, indo em busca da maior eficácia possível no plano de mídia.

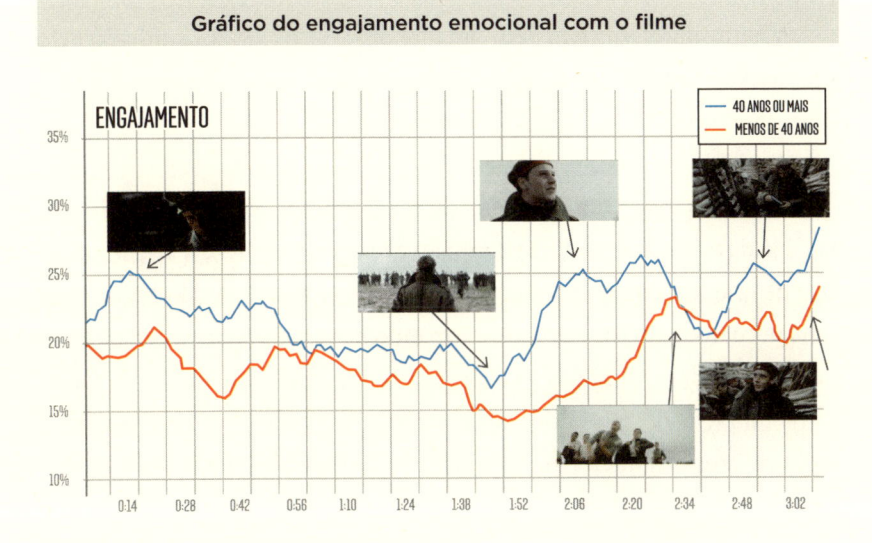

Gráfico do engajamento emocional com o filme

Neuromarketing e neuropropaganda são áreas fascinantes, mas por serem muito recentes não estão imunes a exageros e deturpações. Por isso é sempre bom lembrar alguns mitos recorrentes, e estarmos atentos para os novos, que certamente virão.

Neuromitologia e neurobobagens

O botão da compra, mágico, não é o único conceito falacioso que circula no universo instigante da neurociência que termina aplicado ao marketing em geral e à publicidade em particular. Como toda área de saber emergente ela também é suscetível ora a esquematismos simplificadores que terminam produzindo meras paródias desse conhecimento, ora à distorção pura e simples, quase caricata, que faz do prefixo "neuro" um pretenso legitimador de toda invencionice, autênticas neurobobagens.

A tecnologia avança sem parar, assim como avança a pesquisa científica. Por conta delas amplia-se exponencialmente o universo de informações disponíveis sobre o nosso processamento emocional e cognitivo. Desde o início dos anos 1990 a neurociência avançou mais que em toda sua história anterior.

A neuromitologia fica bem distante disso. O termo foi cunhado pelo professor canadense Barry Beyerstein para designar os mitos relacionados às estruturas e funções cerebrais que vez por outra aparecem na mídia na voz de supostos especialistas.

Os exemplos se multiplicam. Citemos três dos mais nocivos, de que você já deve ter ouvido falar algumas vezes. O primeiro é a alegação antiga de que usamos apenas 10% do nosso cérebro, o que deu lugar a um sem-número de livros e artigos ensinando como supostamente fazer uso do restante dele. O segundo, mais recente, potencialmente mais danoso na publicidade, é o conceito que divide o mundo dos consumidores em dois grupos: aqueles guiados pelo hemisfério cerebral esquerdo e os demais, em contraposição, movidos pelo hemisfério direito. O terceiro e último é o mito que reduz o protagonismo nos processos mentais aos neurônios, a nossa massa cinzenta.

100% em ação

O mito do cérebro "preguiçoso", parecido com a cigarra da fábula de La Fontaine, que usaria apenas 10% de sua capacidade, embora esdrúxulo, sobrevive até hoje. Como verificou a neurocientista brasileira Suzana Herculano, em uma amostra composta apenas por pessoas no mínimo com formação universitária, 50% dos cariocas acreditam nele.

Com base em interpretações deturpadas de escritos de William James, um dos fundadores da psicologia norte-americana, confundiu-se a constatação de que muitas pessoas utilizam apenas uma pequena parte do seu potencial intelectual com a suposta inatividade de largas porções do cérebro. O advento da eletroencefalografia, na segunda década do século passado, sem querer contribuiria adicionalmente para esse entendimento equivocado, ao registrar os baixos patamares durante o sono

X da questão: neuropropaganda não é neurobobagem

das ondas elétricas emitidas pelos neurônios, alimentando a ideia de um "desligamento" de regiões cerebrais pelo menos em alguns períodos.

A ideia foi refutada por diversos argumentos e descartada definitivamente pelo que passaram a mostrar as imagens de tomografia e ressonância magnética nas últimas décadas do século XX. Nosso cérebro trabalha muito, com todas as regiões envolvidas em atividades praticamente incessantes. Ele trabalha até quando dormimos, embora diminua a frequência das ondas elétricas. Também está trabalhando quando simplesmente devaneamos, sem nos concentrarmos em qualquer pensamento específico. Nesses momentos, ele entra em uma espécie de "rede neural de modo padrão" que ajuda a reforçar as conexões dos neurônios, repassando as ações do dia e criando padrões para ações futuras.

Nos intervalos de repouso entre tarefas, a operação continua a todo vapor. Algumas áreas, como o córtex pré-frontal dorsomedial, são até mais ativas durante os períodos de descanso. Nesses momentos, alguns cientistas afirmam que elas nos preparam para focar na mente das outras pessoas, afirmando a natureza social do nosso cérebro. O tempo de inércia é de grande importância para o cérebro processar tudo que aprendeu recentemente, integrando espontaneamente informações de várias regiões, e fazendo isso com uma complexidade até maior do que quando nós, deliberada e conscientemente, refletimos sobre um problema.

Para não deixar dúvidas sobre a questão, os neurocientistas já comprovaram que todos os indivíduos que sofrem danos cerebrais, em qualquer área, sofrem algum déficit psicológico, maior ou menor, temporário ou permanente, a depender da lesão. Ou seja, todas as áreas perfazem funções a um só tempo, específicas e integradas. Mas a despeito de constatações anatômicas, uma só pergunta na perspectiva evolucionária poderia afastar de pronto essa suposição que durante algum tempo se fez lenda. Por que manteríamos um cérebro tão grande, algo que põe em risco a vida das mulheres no parto, se 10% dele supostamente já resolveriam as exigências de sobrevivência, tendo possibilitado o impressionante desenvolvimento da nossa espécie?

Dois hemisférios juntos sentem melhor

O segundo exemplo, ainda bastante em voga, é a ideia de independência dos poderes dos hemisférios cerebrais. O esquerdo, supostamente detentor da racionalidade e guia do comportamento metódico e previsível. O direito, com o monopólio do pensamento livre e da criatividade. Nessa linha, quem usa mais o hemisfério esquerdo tende a ser lógico e ter facilidade para a comunicação oral, enquanto os que utilizam mais o direito são mais criativos e com propensão a atividades artísticas. Na publicidade, como no marketing em geral, não é raro encontrarmos recomendações de campanhas com foco específico em um deles.

É verdade que há diferenças. Elas são conhecidas desde algum tempo, com o estudo de pacientes submetidos a cirurgias para separação dos dois hemisférios visando interromper tipos graves de epilepsia. Os axônios do lado direito estão projetados em conexões de longa distância que o ajudam a integrar os estímulos sensoriais e emocionais. O lado esquerdo apresenta um emaranhado mais denso, com as células agrupadas em proximidade, o que permite uma cooperação estreita e rápida entre neurônios com especialidades semelhantes. Por isso ele é mais racional e verbal. Na maioria dos casos o esquerdo se especializa nos vários aspectos da linguagem — ele é mais verbal, racional, linear —, enquanto as habilidades visuais, espaciais e os dotes artísticos estão entregues ao hemisfério direito, mais abstrato.

Mas hoje não há mais lugar para uma simplificação grosseira. A inteligência, a compreensão e a interação com o mundo ao nosso redor supõem como requisito uma relação eficiente entre as diversas áreas para perfazer qualquer ação específica. A perspectiva localista, baseada na noção de modularidade, ou seja, de que o cérebro seria um agregado de módulos com funções específicas, caiu por terra por ignorar a natureza interligada e funcionalmente distributiva do mais complexo dos órgãos. Ela perdurou até três décadas atrás. Oliver Sacks, o brilhante escritor e neurologista, nos conta na autobiografia lançada pouco antes da sua morte que quando escreveu *O homem que confundiu sua mulher com um chapéu*, na primeira metade dos anos 1980, o sistema nervoso ainda era pensado nesses moldes, com áreas predeterminadas para todas as funções.

Tome-se o caso das memórias associadas ao medo. A amígdala é sabidamente a principal responsável por sua aquisição, mas pesquisas recentes concluíram que o "som do medo" é muito importante, pois há também uma participação relevante do córtex auditivo nesse processo. Ou considere-se a visão. É certa a cegueira se for danificada em qualquer um de nós a área cortical nomeada V1, a primeira no circuito visual, mas não é verdade que todas as propriedades da visão sejam asseguradas apenas por ela. Avalia-se que 60% do córtex está envolvido nesse trabalho, bem mais que somente o córtex visual primário. Ou seja, o fato verdadeiro de que, uma vez inutilizada uma determinada área, esteja definitivamente prejudicada uma função correspondente não significa que essa área mesma, sozinha, consiga viabilizar essa atividade. "Indispensável não é suficiente", resumiu o Prêmio Nobel de Medicina Gerald Edelman.

A despeito de serem, de fato, diferentes os hemisférios cerebrais e em certa medida especializados, cada um deles age, por exemplo, sobre o lado oposto do nosso corpo. O mais importante para a função mental é a colaboração e a comunicação entre as duas metades que tem lugar através do corpo caloso, feixe com cerca de 250 milhões de axônios que os conecta. Dessa forma, embora, por exemplo, ao lado esquerdo estejam reservados os vários aspectos da linguagem, sobressai o papel do lado direito na interpretação do tom da nossa voz. Esse "tom", que é importante expressão vocal, manifesta significados que ultrapassam os aspectos verbais da linguagem. Albert Mehrabian, autor de um estudo sobre comunicação humana, concluiu que 38% da transmissão das mensagens decorrem da entonação. Em primeiro lugar, com 58%, estão a expressão facial e a linguagem corporal; as palavras ficam com apenas 7%.

Um "não" ou um "sim", dependendo do tom utilizado, pode assumir um significado rigorosamente oposto ao meramente semântico, porque os sentimentos que nos movem brotam na verdade do diálogo dos dois hemisférios.

Glias: a massa branca que faz bem

Até hoje é recorrente a ideia de que a massa cinzenta, a população de neurônios, que levamos no encéfalo é o nosso único passaporte para o brilho e sucesso. Além da sorte, naturalmente. O talento do criativo da agência que coleciona Leões de Ouro em Cannes seria um sinal evidente da presença dela, glamorosa e radiante. Mas não é bem assim. E Albert Einstein involuntariamente nos ajudou a desvendar esse mito.

Talvez você não saiba que o cérebro do gênio da teoria da relatividade, Prêmio Nobel de Física em 1921, cujo nome se transformou em sinônimo de inteligência elevada, foi literalmente roubado e depois de muito perambular na mala de um automóvel da marca Buick pelas estradas americanas hoje repousa em paz, o que restou dele, no campus do qual partiu.

O autor da proeza, Thomas Harvey, foi um ex-aluno do patologista da Universidade de Princeton, Harry Zimmerman, que não pôde chegar a tempo para realizar a autópsia em 17 de abril de 1955 e lhe confiou a tarefa. Einstein morrera no hospital da universidade após sofrer hemorragia interna causada pela ruptura de um aneurisma quando preparava um discurso a ser proferido em homenagem ao aniversário do Estado de Israel.

Finalizando o trabalho, Harvey abriu o crânio do falecido, cortou os nervos que o prendiam ao cérebro que pesava 1,230 kg, o imergiu em uma solução com formol, concluiu a autópsia e foi embora, levando a tiracolo, sem permissão da família, o cérebro mais admirado do século.

X da questão: neuropropaganda não é neurobobagem

Depois, o corpo de Einstein seria cremado e suas cinzas espalhadas em local desconhecido.

Zimmerman e o reitor da universidade muitas vezes se angustiaram cobrando o que ele havia feito do mesmo, para ouvir sempre a resposta de que estava apenas preservando o material para fotografá-lo e utilizá-lo em futuros estudos, no intuito de descobrir as particularidades capazes de explicar a genialidade do mito que transformara de vez o mundo da física. A pressão aumentou a um ponto que Harvey foi forçado a abandonar o hospital da universidade e mudou-se para o estado do Missouri, no centro-oeste americano, onde exerceu a medicina, sempre procurado por estudiosos que desejavam ter acesso a uma parte que fosse do cérebro renomado.

Mudou-se ainda diversas vezes e no início da década de 1990 foi morar no Kansas. Mas com o passar do tempo atendeu a alguns pedidos. Assim, ainda no início da década de 1980 enviou quatro lâminas microscópicas do córtex de Einstein dentro de uma jarra de maionese a Marion Diamond da Universidade da Califórnia em Berkeley.

O cérebro de Einstein, ou o que sobrou dele — 180 fragmentos boiando dentro de duas jarras de biscoitos —, só voltaria à universidade, ao Hospital de Princeton, quando Harvey, chegando aos seus 90 anos, o entregou ao patologista chefe Elliot Krauss. Findava assim a longa jornada.

Diferentes pesquisas revelariam que o cérebro responsável pelos princípios da bomba atômica, com 1,230 kg, mais leve que a média masculina, que é de 1,4 kg, talvez por efeito da idade em que morreu, 76 anos, era dotado de algumas peculiaridades. Sua área de processamento matemático, no lobo parietal, era 15% mais larga que a de outros cérebros masculinos. A antropóloga evolucionária Dean Falk, da Universidade Estadual da Flórida, concluiu em 2009 que, além de ter um córtex mais fino e mais denso que o normal, como outros pesquisadores tinham mostrado, ele apresentava um raro formato da fissura lateral, convergindo para o sulco pós-central que praticamente dividia o cérebro ao meio.

Anos depois, em 2013, a mesma autora publicou novo estudo que alimenta ainda outra hipótese: a incomum conexão no corpo caloso entre os hemisférios direito e esquerdo, em um padrão superior até ao das mulheres, que têm essa conexão mais densa que os homens, poderia explicar o funcionamento daquela mente brilhante.

Áreas do cérebro de Einstein estudadas pela dra. Marion Diamond

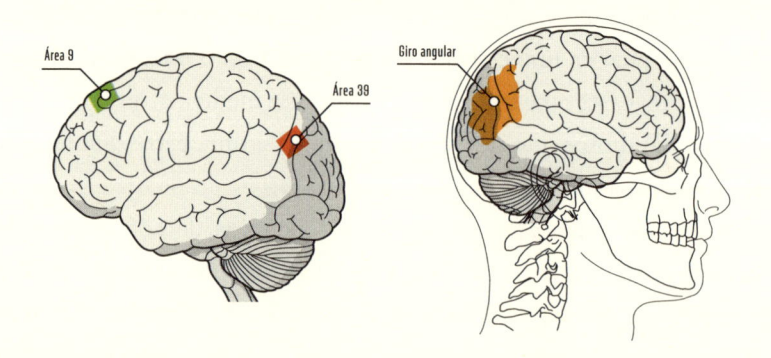

Mas a primeira e impactante revelação tinha surgido com a neuroanatomista Marion Diamond, em estudo publicado em 1984. Ela comparou o cérebro de Einstein com os de outras 11 pessoas falecidas com idade aproximada de 64 anos e cujo óbito não ocorrera em decorrência de doenças ou traumas cranianos. Com a ajuda de microscópios, ela e sua equipe fizeram a contagem do número de neurônios e de células gliais. Descobriu que na verdade o gênio não tinha uma população de neurônios absurda, espetacular, como se poderia imaginar. Não. O que ela encontrou foi uma proporção muito maior, estatisticamente significativa, de glias em relação aos neurônios no giro angular que fica situado no córtex parietal esquerdo, no topo do crânio acima da nuca, responsável pelo pensamento mais sofisticado em relação à matemática, à linguagem e ao conhecimento espacial. Apesar de onze casos não serem uma amostra suficiente, como ela mesma reconheceu, Marion tinha encontrado uma chave importante para decifrar a genialidade do mito. E é quase irônico lembrar que Einstein aos três anos de idade chegou a ser levado ao médico para ser tratado de um problema de fala tardia, que os pais temiam que fosse sinal de algum tipo de deficiência mental.

Da concepção que vigorava até meados dos anos 1980, que descrevia as glias — a parte predominante da massa branca do cérebro — como meros suportes dos neurônios, muita coisa mudou. O próprio nome, derivado da palavra grega para "cola", revela o conceito recentemente ultrapassado. Supunha-se que serviriam apenas para sustentação, como que colando os neurônios uns aos outros. O entendimento do seu exato papel teve que esperar até o advento dos poderosos microscópios eletrônicos em meados do século XX.

Hoje se sabe, por exemplo, que os astrócitos, um tipo de célula glial, que se comunicam entre si através de ondas de fluido de cálcio, também se comunicam com os neurônios, podendo levá-los até mesmo a disparar e iniciar sua trajetória sináptica. Participam ativamente, desse modo, do processamento de estímulos, sobretudo nos atos de reagir, aprender e lembrar. Verificou-se, ainda, que a produção de mielina pelos oligodendrócitos (outro tipo de glia) é imprescindível para a aprendizagem de novas tarefas motoras complexas, como tocar piano ou praticar ginástica olímpica, permitindo aumentar a eficiência dos circuitos neurais envolvidos.

Massa branca e massa cinzenta

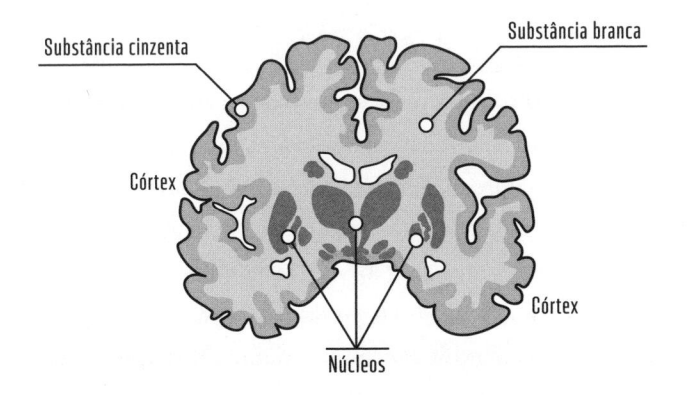

Para quem está voltado para a propaganda e empresta à memorização uma importância especial, é bom saber que no hipocampo, o lugar onde se estruturam as novas memórias através de densas conexões neurais, 80% delas estão circundadas por astrócitos, que liberam hormônios sobre os neurônios, ajudando-os a crescer. Como se fosse água com nutrientes irrigando plantas. Sem eles os neurônios definham e produzem poucas ramificações. A mera presença dos astrócitos fortalece as conexões através da liberação de transmissores, que são praticamente os mesmos dos neurônios das proximidades. Antes, pensava-se que as células gliais liberavam apenas glutamato, mas agora se sabe que liberam glutamato quando estão localizadas no córtex, mas também respondem à dopamina quando situadas no gânglio basal.

As ondas de cálcio que fazem a comunicação química dos astrócitos têm um ritmo mais lento que a comunicação através de impulsos elétricos rápidos dos neurônios, e acredita-se que essa maior lentidão tem um papel importante para integrar e processar as informações que chegam deles com maior velocidade, armazenando-as para utilizá-las no longo prazo. O papel de destaque no armazenamento de dados faz com que as glias, subestimadas pela ciência por mais de um século, sejam hoje consideradas verdadeiras bibliotecas do cérebro, e com que se especule cada vez mais o seu papel na nossa imaginação e nos sonhos.

Existem muito mais células gliais do que neurônios no sistema nervoso central de todos os animais vertebrados. Numa proporção de duas a dez vezes. Quanto maior sua presença em números relativos em uma espécie, mais inteligente ela é. Para se ter uma ideia do significado dessa correlação, o sistema nervoso de uma mosca de fruta tem cerca de 20% de glias; no de gatos e ratos, vertebrados, esse número sobe para 60%, no dos chimpanzés, para 80%, e no topo da escala estamos nós, com 90% no conjunto do sistema nervoso. Especificamente no córtex cerebral temos em média duas células gliais para cada neurônio.

Já houve quem observasse de forma brincalhona que se lá atrás, ao tempo em que a área de conhecimento chamada neurologia se formou, os cientistas dispusessem do conhecimento de hoje, quem sabe ela poderia ser denominada de "gliologia". Exageros à parte, o certo é que, como Einstein provou, ela é a massa branca que nos faz muito bem.

Referências

BRUCKHOLTZ, J.; MAROIS, R. "The root of modern justice: cognitive and neural foundations of social norms and their enforcement". *Nature Neuroscience*, 15, n. 2, 2012, p. 655-61.

BUCKNER, R.; ANDREWS-HANNA, J.; SCHACTER, D. *The brain's default network: anatomy, function, and relevance to disease.* Nova York: N.Y. Academy of Science, 2008 p. 1-38.

CAMERER, C.; LOEWENSTEIN, G.; PRELEC, D. "Neuroeconomics: how neuroscience can inform economics". *Journal of Economic Literature*, n. 43, 2005, p. 9-64.

GAZZANIGA, M.; IVRY, R.; MANGUN, G. *Cognitive neuroscience: the biology of the mind.* 4. ed. Nova York: Norton, 2014.

HERCULANO-HOUZEL, S. *O cérebro nosso de cada dia.* Rio de Janeiro: Vieira & Lent, 2012.

JOHNSON, S. *De cabeça aberta: conhecendo o cérebro para entender a personalidade humana.* Rio de Janeiro: Jorge Zahar, 2008.

KNUTSON, B. et al. "Neural predictors of purchases". *Neuron*, n. 53, 2007, p. 147-56.

MONTAGUE, P. *Your brain is (almost) perfect: how we make decisions.* Nova York: Plume, 2006.

MCCLURE, S. et al. "Neural correlates of behavioral preference for culturally familiar drinks". *Neuron*, n. 44, 2004, p. 379-87.

PINKER, S. *How the mind works.* Nova York: Norton & Company, 2009.

VAN PRAET, D. *Unconscious branding: how neuroscience can empower (and inspire) marketing.* Nova York: Palgrave Macmillan, 2012.

23
ZAPPING PERMANENTE: EM MILÉSIMOS DE SEGUNDO O CÉREBRO DELETA VOCÊ

O título acima traz uma constatação preocupante: tanto trabalho, tanto dinheiro investido podem ir por água abaixo em uma pequena fração de tempo. Este é o tamanho do buraco no processo de atenção, tempo suficiente para o *zapping*. A cada momento nos deparamos com inúmeras distrações, que se dividem em dois tipos: sensoriais e emocionais. A diferença entre as duas é simples. Vamos supor que você está numa praça concentrado lendo este livro. A moto barulhenta que passou, fazendo-o voltar algumas linhas, é uma distração sensorial. Quando parou de ler por um tempo por se sentir ansioso com algumas contas a pagar, a distração é emocional.

A publicidade não é muito diferente dos livros neste aspecto, vai sempre competir com estes dois tipos de distrações. Na maior parte do tempo, o cérebro opera o foco em modo automático. Mesmo quando não estamos com o foco intencional, o cérebro inconsciente capta mensagens. A maioria absoluta das operações mentais — mais de 95% — ocorre nos bastidores. Muitas vezes a decisão do foco — que tendemos a considerar algo racional — ocorre subconscientemente.

O cérebro não está preparado para ter vários focos ao mesmo tempo. É preciso escolher. Escolher o foco é começar a definir como a mensagem será percebida. Quando alguém consegue encontrar um amigo

— distante 200 metros — em uma praia lotada, todos os outros milhares de pessoas em volta ficam fora de foco, como se estivéssemos usando uma potente lente de máquina fotográfica, clicando uma abelha no meio da floresta amazônica. Naquele momento, todo o resto cai num buraco de consciência. Ou seja, o cérebro fez um *zapping* consciente.

Zapear é uma consequência da ação normal do cérebro. Os bilhões de neurônios trabalham em milésimos de segundos. A rapidez da mente é uma das armas do cérebro automático. Sem a orientação racional do foco, o cérebro irá flutuar entre todas as possibilidades. Não raro desvia o foco erraticamente. Do celular para a tela do cinema, para uma lembrança angustiante ligada a um pensamento ansioso, para a tela do cinema de novo, para a lembrança, para o Facebook, para uma outra lembrança...

Num piscar de olhos

O tempo todo a nossa experiência visual é como uma sequência contínua de imagens em movimento, e tem clara relação entre tempo e espaço. Neste período, infinitas vezes, acontece o "piscar da atenção". O cérebro não consegue ficar o tempo todo ligado a todos os estímulos, mesmo que esse estímulo seja um alvo intencional.

A complexidade da atenção conta com a cognição cerebral, que, de forma simplificada, seria a troca de informações entre o cérebro racional e o sistema límbico, centro de operação do cérebro automático. Em média, essa ligação ocorre em 300 milissegundos após o estímulo. Ou seja, este é o tempo entre perceber o leão fugindo da jaula e começar a correr.

Mas este tempo de reação do cérebro ocorre simultaneamente com o "piscar da atenção", que normalmente gira entre 200 e 500 milissegundos. Isso quer dizer que o cérebro faz *zappings* sem que tenhamos consciência disso. Quantas vezes por dia você se pega divagando sem conseguir lembrar quando partiu para o "modo automático"?

Após a identificação do alvo da atenção, para a mensagem não sofrer um zapping antes de ser completada, é preciso que haja estímulos que ajudem a captar ideias-alvo da mensagem e a guardá-las na memória. Atualmente, podemos medir a atenção do consumidor, segundo a segundo, para compreender o que deu certo e o que deve ser mudado em um comercial. Não há fórmula mágica para não ser zapeado, mas há elementos de propagandas de sucesso que podem ajudar a deixar o cérebro do consumidor ligado à sua mensagem.

Os amores do cérebro

O cérebro ama o inusitado e a ambiguidade. Um comercial bem antigo da publicidade brasileira evitou o zapping, surpreendendo pelo não usual, que parecia errado: o filme *Hitler*, criado em 1987 para a *Folha de S.Paulo* por Washington Olivetto e Nizan Guanaes.

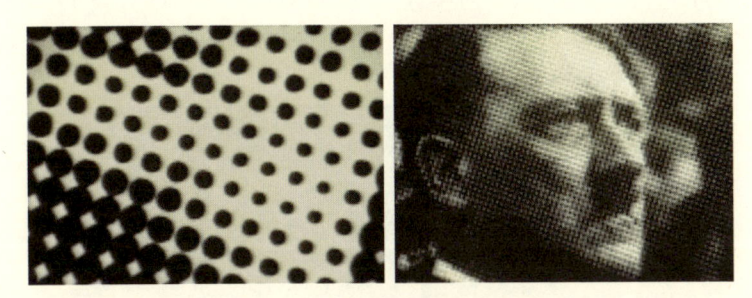

Folha de S.Paulo: *Hitler*. 60"*
Agência W/GGK

"Este homem pegou uma nação destruída. Recuperou sua economia e devolveu orgulho ao seu povo", é a primeira frase do comercial que visualmente começa com um ponto, para que em seguida a câmera vá se afastando e revelando vários pontos que começam a formar um desenho. Enquanto isso, mais frases enumerando bons feitos de um governante. Até que os pontos formam a imagem de Adolf Hitler. Conclui o texto: "É possível contar um monte de mentiras dizendo só a verdade. Por isso, é preciso

---

* Disponível em: <https://www.youtube.com/watch?v=bZaYeiptmd4>.

tomar muito cuidado com a informação e o jornal que você recebe. *Folha de S.Paulo. O jornal que mais se compra. E o que nunca se vende."*

O comercial inusitado prende a atenção e marca o hipocampo com um slogan forte. A ambiguidade fascina o cérebro porque nos impossibilita de criar uma resposta automática. Elogiar o maior responsável pelo Holocausto é uma confusão difícil de compreender. Os buracos da atenção foram preenchidos. O filme ainda ganhou um Leão de Ouro em Cannes no ano seguinte.

Outro amor do cérebro é o movimento. Filmes com muita ação vão ser mais atrativos e menos propensos a levar o consumidor a trocar de canal. A Vivo levou este conceito ao limite com o comercial *Me leva*. Para mostrar a velocidade da conexão da internet, a ação mostra como a vida passa rápido e resume um casal se conhecendo ainda crianças até o fim da vida em 1 minuto.

Vivo 4G: *Me leva.* 60"*
Agência África

As cenas são cortadas freneticamente enquanto os personagens não param de correr e interagir com cenas de muita ação. Tudo embalado por uma animada música de Stevie Wonder. Tanto movimento fascina o cérebro, até que chega a mensagem "Viva intensamente cada minuto da sua vida com o 4G".

Um outro fator que arrebata olhares atentos é a novidade. O cérebro

---

* Disponível em: <https://www.youtube.com/watch?v=VB6eO-OgSBQ>.

gosta de perceber o diferente, descobrir mesmo que seja um erro. Foi o que a agência NBS mostrou na campanha de muito sucesso para o site Bom Negócio. Potenciais vendedores eram surpreendidos quando seus objetos usados se personificavam em pessoas famosas, que sempre falavam irritantemente, como um pedido para ser vendido.

A poltrona com a cabeça do ex-jogador argentino Maradona gritando sem parar, até que seja vendida pelo aplicativo, é uma novidade que captura o cérebro imediatamente.* Ele precisa compreender aquele ruído. Resolver a dissonância cognitiva. Por fim, surge a imagem da compra. Mensagem completa para o consumidor que, fisgado pela novidade, não mudou de canal.

A atenção e o cérebro nos tempos da internet

O economista Herbert Simon, Prêmio Nobel, escreveu, ainda em 1997, que a riqueza de informação consome a "atenção de quem recebe. Eis por que a riqueza de informações cria a pobreza da atenção". A atenção não é como uma panela cheia de feijoada que pode ser dividida por dezenas de pessoas. Ela é como a mira laser de uma arma de fogo: pode ser mudada rápida e repetidamente para vários alvos.

Quando se entende o funcionamento da atenção, fica mais fácil perceber por que a internet é tão sedutora para o cérebro. É um interminável bombardeio de textos, vídeos, imagens, sons... sendo perfeitamente possível ficar horas e horas em contato com uma infinidade incrível de conteúdo sem uma análise profunda sequer. Quanto menos foco tiver a navegação, menos compreensão de qualquer mensagem. Em uma leitura concentrada, a mente divaga entre 20% e 40% do tempo. Além disso, um terço das pessoas continua acompanhando a mensagem mesmo sem compreender. Agora imagine as porcentagens de perda do foco durante uma navegação virtual despropositada.

---

* Disponível em: <https://www.youtube.com/watch?v=f256QgiVARQ>.

Quanto mais divagamos enquanto construímos essa rede, e quanto mais cedo ocorre o lapso, mais buracos teremos. A internet é cheia de buracos de compreensão para o cérebro. Aproveitar esses lapsos de concentração é um caminho para distribuir a mensagem publicitária. É o que acontece com muitos vídeos virais, aqueles que são replicados milhares, até milhões de vezes, sem que as pessoas consigam notar que é uma propaganda. Não existe a fórmula mágica do viral, mas aumenta a chance de atrair a atenção do internauta e fazê-lo replicar a mensagem se o vídeo tiver uma mensagem positiva. O cérebro está sempre atento ao perigo e quer se afastar dele; quando nossos centros neurais assumem uma condição de aflição, a notícia do assassinato de uma criança, por exemplo, nosso foco muda para a aflição em si, o sentimento e não o fato aflitivo. Em seguida, o cérebro busca formas de aliviar a aflição, e se esforça para desligar este caminho incômodo.

Cabe à publicidade ser a lente positiva do internauta, pois o que dirige a atenção é a emoção. Imagine que, depois de ficar aflito ao ver a notícia de uma criança barbaramente assassinada no interior do país, você veja em uma rede social um vídeo com o título: *Primeiro beijo: vinte casais se beijam pela primeira vez*. Você clica no link e há uma legenda explicando que foi pedido a vinte casais desconhecidos que se beijassem diante de uma câmera de vídeo. Apenas isso.

Wren: *First kiss*. 3'30"*
Criação: Tatia Pilieva

---

* Disponível em: <https://www.youtube.com/watch?v=IpbDHxCV29A>.

Após cenas iniciais meio desconfortantes dos desconhecidos sendo apresentados, começam os beijos. O vídeo foi um sucesso: em menos de um ano foram quase 100 milhões de visualizações no YouTube. Foi repostado em redes sociais incontáveis vezes por milhares de pessoas emocionadas e ávidas por compartilhá-lo. Quase ninguém notou que a primeira cena do vídeo, antes do crédito da diretora Tatia Pilieva, era uma legenda em que se lia "Wren presents". Wren é uma grife fundada em 2007 em Los Angeles. Pilieva — que não é publicitária —, amiga pessoal de Melissa Coker, proprietária da marca, fez o vídeo para ajudar. E ajudou: Wren divulgou que as vendas, no ano da publicação do vídeo, aumentaram 14.000%.

Referências

DAVIDSON, R.; BEGLEY, S. *O estilo emocional do cérebro*. Rio de Janeiro: Sextante, 2012.

FESTINGER, L. *A theory of cognitive dissonance*. Stanford: Stanford University Press, 1957.

GOLEMAN, D. *A inteligência ecológica*. Rio de Janeiro: Elsevier, 2009.

LUO, A.; SAJDA, P. "Using single-trial EEG to estimate the timing of target onset during rapid serial visual presentation". *28th IEEE EMBS Annual International Conference*, 2006, p. 79-82.

_____. "Comparing neural correlates of visual target detection in serial visual presentations having different temporal correlations". *Frontiers in Neuroscience*, v. 3, 2009.

NIEUWENHUIS, S. et al. "The role of the locus coeruleus in mediating the attentional blink: a neurocomputational theory". *Journal of Experimental Psychology*, n. 134, 2005, p. 291-307.

SHAPIRO, K.; ARNELL, K.; RAYMOND, J. "The attentional blink". *Trends Cognition*, v. 1, 1997, p. 291-96.

Este livro foi composto na tipologia
Bembo Std, em corpo 11,5/17, e impresso em
papel Pólen Soft 80 g/m² na Lis Gráfica.